# A
# VIDA
# POR
# ESCRITO

# Ruy Castro

# A VIDA POR ESCRITO

Ciência e arte da biografia

COMPANHIA DAS LETRAS

Copyright © 2022 by Ruy Castro

*Grafia atualizada segundo o Acordo Ortográfico da Língua Portuguesa de 1990, que entrou em vigor no Brasil em 2009.*

*Capa e projeto gráfico*
Alceu Chiesorin Nunes

*Preparação*
Isabel Cury

*Revisão*
Bonie Santos
Camila Saraiva

Dados Internacionais de Catalogação na Publicação (CIP)
(Câmara Brasileira do Livro, SP, Brasil)

Castro, Ruy
A vida por escrito : Ciência e arte da biografia / Ruy Castro.
— 1ª ed. — São Paulo : Companhia das Letras, 2022.

ISBN 978-65-5921-360-3

1. Biografia (Gênero literário) 2. Biografia como forma literária 3. Biógrafos 4. Histórias de vida 5. Literatura e ciência I. Título.

22-130586                                            CDD-920

Índice para catálogo sistemático:
1. Biógrafos : Formação 920

Eliete Marques da Silva – Bibliotecária — CRB-8/9380

[2022]
Todos os direitos desta edição reservados à
EDITORA SCHWARCZ S.A.
Rua Bandeira Paulista, 702, cj. 32
04532-002 — São Paulo — SP
Telefone: (11) 3707-3500
www.companhiadasletras.com.br
www.blogdacompanhia.com.br
facebook.com/companhiadasletras
instagram.com/companhiadasletras
twitter.com/cialetras

# SUMÁRIO

Prólogo — Direito de vida ou de morte .................. 9

Abertura — O passado é logo ali .................. 15

Pergunta — O que é uma biografia? .................. 19

1. A escolha do biografado .................. 37

2. A apuração das informações .................. 91

3. A escrita da biografia .................. 139

4. A edição do livro .................. 167

Coda — Um rapaz de sorte .................. 181

Agradecimentos .................. 191

*Este livro nasceu dos mais de trinta cursos de biografia que ministrei entre 1997 e 2022, presenciais e remotos, em duas bravas instituições culturais: o Instituto Estação das Letras, de Suzana Vargas, no Rio, e o b_arco, de Gabriel Pinheiro, em São Paulo. Por esses cursos passaram quase mil alunos, vários mais de uma vez. Eles o fizeram porque sonhavam escrever uma biografia. Alguns não apenas realizaram esse sonho como se tornaram biógrafos profissionais.*

*Há muitos brasileiros à espera de uma biografia — que eu gostaria de escrever. Como nunca haverá tempo para tanto, o jeito é formar biógrafos para que eles as escrevam — e eu as possa ler.*

*A eles, biógrafos presentes e futuros, é dedicado este livro.*

# PRÓLOGO

## Direito de vida ou de morte

Na noite do dia 8 de dezembro de 1992, uma segunda-feira, o presidente de uma importante agência de propaganda paulistana — vamos chamá-lo de X — teve o seu Opala bloqueado por uma Caravan preta ao chegar à sua casa no Morumbi, bairro da Zona Sul de São Paulo. Três homens falando portunhol saíram apontando as armas e ordenaram que ele e sua mulher descessem. Enquanto ela era mantida à distância, eles o fizeram entrar no porta-malas da Caravan. Bateram a tampa, se ajeitaram no carro e tomaram a direção da avenida Engenheiro Oscar Americano. A ação durou menos de um minuto. Horas depois, flores com um cartão contendo instruções foram entregues na residência do Morumbi. Estava oficializado o sequestro.

A quilômetros dali, sem saber por quais ruas ou bairros passara, X viu-se num quarto não muito maior que o único móvel que este continha — uma cama — e com paredes brancas que pareciam fechar-se ao seu redor. Até pouco antes, seu mundo não conhecia fronteiras. Era o mundo dos publicitários, dos clientes, das campanhas que permitiam à imaginação voar, dos prêmios em festivais, das glórias na Croisette, em Cannes, do céu como limite. Agora, ele se reduzia a menos de quatro metros quadrados, sem janelas. E assim seria pelos quase quarenta dias seguintes.

Durante esse tempo, X nunca mais viu ou ouviu seus captores. Toda a comunicação era por escrito, e não lhe faltavam blocos de anotações e canetas, que seus sequestradores forneciam. Eles pareciam profissionais. As conversas com a família sobre o resgate eram feitas através de telefonemas curtos e dos anúncios classificados n'*O Estado de S. Paulo*. Quando esses anúncios começaram a ficar fáceis de rastrear, mudaram para os classificados do *Jornal do Brasil*. Em três ocasiões, fotografaram X (numa delas, algemado) lendo o jornal do dia, como prova de que estava vivo. E, como não tinham interesse em maltratá-lo, mas em devolvê-lo em bom estado quando da entrega do dinheiro, serviam-lhe três refeições diárias, compostas de carne, macarrão, frutas e iogurte.

Serviram-lhe também algo com que ele não contava: um livro para, se quisesse, ler e passar o tempo — *Grande sertão: veredas*, de Guimarães Rosa. A escolha desse título era reveladora. Permitia supor que os sequestradores, sem dúvida estrangeiros, tinham um grau superior de instrução em seus países (Uruguai, Argentina, Chile?) e haviam estudado literatura brasileira — daí Guimarães Rosa. Fossem bandidos nacionais, e supondo que lhe dessem um livro, este seria um best-seller em voga, um romance de Sidney Sheldon. Como, naquele momento, ninguém saberia dizer quanto duraria o cativeiro de X, *Grande sertão: veredas* parecia uma boa escolha. Com suas seiscentas páginas, era longo o suficiente para entretê-lo pelo tempo necessário.

X abriu o *Grande sertão*, que nunca havia lido, imaginando que Riobaldo e Diadorim, personagens de que tanto ouvira falar, seriam suas companhias pelos dias seguintes. Mas a prosa de Rosa, cheia de emboscadas sintáticas e semânticas, provou-se intransponível para aquela situação. X insistiu na leitura. A cabeça, porém, lhe fugia para algum lugar dos seus 44 anos — que poderiam ser os últimos, se não se chegasse a um acordo sobre o resgate ou, pior, se a polícia descobrisse e resolvesse estourar o cativeiro.

No dia seguinte, X passou um bilhete pela fresta da porta aos sequestradores. Pediu que, caso fossem à rua, e se pudessem, lhe comprassem outro livro. Um que, poucos dias antes do sequestro, chamara sua atenção por ter acabado de sair e tomado as primeiras páginas dos segundos cadernos — *O anjo pornográfico: A vida de Nelson Rodrigues*, de Ruy Castro.

Enquanto tudo isso acontecia, o mundo seguia em frente, indiferente ao martírio de X. Os jornais, com seus canais próprios, sabiam do sequestro, mas se conservavam fiéis ao compromisso, estabelecido por eles mesmos, de não o noticiar enquanto não chegasse ao fim, com o refém devolvido.

Pois foi o que eu vi casualmente no *Jornal Nacional*, na noite de 14 de janeiro de 1993. Um homem dava uma entrevista ao vivo, na porta de sua casa, contando como, depois de pago um milionário resgate, fora deixado por seus sequestradores numa rua da Zona Sul de São Paulo e, agora, acabara de reunir-se aos seus. Ficara 36 dias preso. O repórter lhe perguntou sobre o cativeiro. Ele respondeu: "Um livro me salvou a vida. *O anjo pornográfico*, de Ruy Castro."

E revelou como, depois de ler o livro seis vezes, usou os blocos de anotações que tinha à mão para reconstituir de memória a trajetória de cada um dos Rodrigues, uma família que, dos anos 20 aos 70, no Rio, foi marcada por dramas e tragédias em violência e pungência quase inacreditáveis — exatamente como as concebidas, em peças de teatro e folhetins de jornal, pelo homem que era o cerne do livro: Nelson Rodrigues.

E X encontrou muita coisa com que se impressionar. A morte de Roberto, irmão de Nelson, assassinado a tiros em 1929 na Redação do jornal do pai de ambos, Mario Rodrigues, o qual viria a morrer dois meses depois, "de tristeza", por saber que a bala que matara seu filho era dirigida a ele, ausente na ocasião. O empastelamento do jornal pela Revolução de 1930 e a subsequente ruína financeira da família, levando-a a conhecer a fome e a doença, e fazendo com que Joffre, outro irmão de Nelson, morresse tuberculoso (Nelson seria igualmente atingido pela doença). O destino da pequena Daniela, filha de Nelson, a "menina sem estrela", que nunca enxergou, ouviu ou andou nem percebeu sua própria presença no mundo. A morte do irmão mais velho e amado, Mario Filho, que morreu de amargura pela eliminação do Brasil na Copa do Mundo de 1966. O desabamento de um prédio em Laranjeiras, em 1967, matando mais um irmão, Paulinho, e toda a família deste. E, por fim, uma das circunstâncias mais inesperadas da vida política brasileira por volta de 1970: Nelson, o anticomunista, o "reacionário", com um filho, Nelsinho, envolvido na luta armada contra a ditadura, preso e torturado pelos militares de quem ele, Nelson, se julgava amigo. Em comparação com essas desgraças sobre os ombros de uma única pessoa, concluiu X, seu suplício no cativeiro parecia menor, mais fácil de suportar. Pelas cinco semanas em que foi prisioneiro, tentou fazer jus à força de Nelson para atravessá-las e sair do outro lado, abalado, mas íntegro, como saiu. Daí o livro tê-lo ajudado.

Quase sem fala, eu ouvia tudo isso vindo de um homem que não conhecia, mas com quem, naquele momento, passava a ter um vínculo imaterial e eterno. Com duas ou três ligações para amigos, consegui seu número de telefone e passei-lhe um telegrama fonado: "Caríssimo X. Obrigado pelas palavras. Bem-vindo de volta à vida!", ou coisa assim. Dias depois, ele me respondeu gentilmente. Tudo poderia ter terminado ali — e seria esplêndido do mesmo jeito.

Mas, em 1994, *O anjo pornográfico* ganhou o Prêmio Nestlé de Literatura Brasileira, então uma das premiações mais importantes da área cultural. Fui recebê-lo em São Paulo. Em meio à multidão, alguém me puxou pela manga e disse:

"Ruy, venha comigo. Quero te apresentar a uma pessoa."

E nos pôs frente a frente:

"X, conheça o Ruy Castro. Ruy Castro, conheça o X."

E, como diria Nelson Rodrigues, atiramo-nos nos braços um do outro, aos soluços.

Antes e depois desse episódio, outros livros meus ganharam prêmios que muito me honraram. Mas é difícil superar o que aconteceu a *O anjo pornográfico* nas mãos desse homem, cujo nome omito em respeito à sua privacidade. Foi emocionante saber que uma história real, como a de Nelson Rodrigues, desencavada e contada por mim, ajudou alguém a se manter íntegro diante da adversidade. Isso serviu para me revelar que o poder do biógrafo sobre seu biografado, quase que de vida e de morte, pode, às vezes, se estender também à vida de seu leitor.

Há muitas vidas em jogo numa biografia. Cabe ao biógrafo lutar por elas, com a única arma que lhe é permitida: a verdade.

# ABERTURA

## O passado é logo ali

Sempre gostei de ler biografias. Tem a ver, talvez, com o meu (nosso) lado voyeur — a possibilidade de espiar o lado B das pessoas que admiramos ou por quem temos curiosidade. Não necessariamente para saber como se comportavam na cama e com quem, mas o que os levou a fazer o que fizeram: uma autora a escrever o livro X, um empresário a fundar a empresa Y ou um líder político a arrastar milhões para a ideologia Z. Daí quase sempre tratarem de pessoas famosas ou influentes. Queremos aprender com elas, quiçá para tentar fazer igual ou brincar com essa possibilidade. Uma boa biografia também ajuda o leitor a se entender melhor. Mas não a confunda com os livros explícitos de autoajuda — mesmo porque todo bom livro, não importa o gênero, pode servir de autoajuda.

Só que ela é mais do que isso. A biografia não retrata somente o avesso do personagem, mas também o tempo e o espaço dele e das dezenas de coadjuvantes de sua vida. Pela história pessoal de um indivíduo, podemos chegar ao seu entorno histórico, o que inclui a política, a economia e a psicologia de uma época e quantas vezes por dia as pessoas escovavam os dentes ou se as crianças preferiam drops ou chicletes. Se uma biografia parece às vezes tratar de detalhes insignificantes, o problema não está nela, mas em quem a lê — porque, para o biógrafo, não há detalhes insignificantes.

Foi meu interesse pelas biografias que me levou a começar a escrevê-las. Este livro, *A vida por escrito*, completa um ciclo iniciado em 1975, no Rio, quando dois jornalistas cariocas, sentados depois do almoço na pracinha defronte ao edifício da revista *Manchete*, na rua do Russel, onde trabalhavam, trocavam ideias diariamente sobre biografias nacionais e estrangeiras, que estavam lendo ou tinham acabado de ler, e suas opiniões sobre o que seria uma biografia bem-feita.

Para ambos, ela não poderia conter literatice. Por literatice, entendiam a presunção do biógrafo de descrever em minúcias passagens da vida do personagem que em hipótese alguma ele poderia saber. Um exemplo imaginário: "O ano era 1902 e o ar estava quente e abafado. Fulano olhou em torno, bateu à porta de Beltrano e, antes que ela fosse aberta, lembrou-se de quando tinha medo daquele homem. Mas, munido de súbita coragem, encarou-o assim que se viram frente a frente. O outro, ao olhá-lo de volta, empacou — não conseguia acreditar na súbita força de seu rival". Etc. etc. Como o biógrafo podia saber que o ar estava quente e abafado em um dia indeterminado de 1902? Como saber que o personagem olhou em torno antes de bater à porta e se lembrou de que tinha medo? E como saber que o outro homem se espantou com o que viu ao recebê-lo? Essas sensações só poderiam ter chegado ao autor se tivessem sido registradas por escrito pelos protagonistas (e, nesse caso, onde estaria esse registro?) ou passadas de geração em geração desde 1902 até alguém contá-las ao biógrafo. Mas, para isso, precisariam ser muito importantes na vida do biografado e, no caso, é claro que não eram. Como elas teriam então chegado ao biógrafo? Simples — ele as inventara, para "romancear" a história. Sendo assim, não estávamos diante de uma biografia, mas de um livro de ficção.

Do mesmo modo, o biógrafo não poderia se meter dentro da cabeça do biografado e "descrever" o que ele teria pensado ou sentido. Seu material de trabalho deveria consistir exclusivamente em informações. E de forma alguma o biógrafo poderia contaminar sua narrativa com suposições, análises ou "interpretações" psicológicas — deixasse isso para os ensaístas. Infelizmente, todos esses defeitos eram de praxe nas biografias brasileiras.

Os americanos e os ingleses eram os mestres do gênero, e só

então, ao estudarem seus livros, os dois jornalistas perceberam o óbvio: que aquela apuração quase inacreditável dos fatos da vida de alguém se baseava em centenas de entrevistas do biógrafo com pessoas que haviam tido alguma relação direta com o personagem. Uma lista de agradecimentos ao fim da obra revelava com quem e com quantas dessas pessoas o autor tinha falado.

Um livro que os encantava na época era *Cole Porter: A Biography*, de Charles Schwartz. Inspirados nele, os dois jornalistas falavam de brasileiros que eles admiravam e que poderiam render biografias, como Noel Rosa e Tom Jobim. Mas é claro que isso não passava de uma fantasia — quem eram eles para escrever biografias? Ah, sim, os jornalistas éramos João Máximo e eu.

Quinze anos depois, em 1990, na primeira semana de novembro, eu e João Máximo estávamos com dois títulos, lançados, por coincidência, quase no mesmo dia. Eram o meu *Chega de saudade: A história e as histórias da Bossa Nova*, pela Companhia das Letras, e *Noel Rosa: uma biografia*, de João Máximo, em parceria com Carlos Didier, pela Editora da Universidade de Brasília. O livro de João e Didier era um relato da vida de um compositor brasileiro como nunca se vira entre nós — um dilúvio de informação que lhes custou dez anos de trabalho e mudou tudo o que se pensava saber sobre Noel Rosa. *Chega de saudade*, por sua vez, também todo feito à base de informação, contribuiu para o quase imediato resgate da Bossa Nova, então sepultada e esquecida pelo mercado e pela cultura. Os dois livros ocuparam as páginas dos segundos cadernos pelas semanas seguintes, e *Chega de saudade* esteve em todas as listas de mais vendidos, onde ficou por meses.

Gosto de pensar que, além da realização de um sonho de rapazes, a publicação simultânea de nossos livros contribuiu para estabelecer as técnicas que achávamos mais corretas na produção de uma biografia. Isso não se deu de imediato, claro; mas, com os outros livros escritos por colegas nessa mesma linha nos anos seguintes, um novo estilo de biografia começou a se consolidar no Brasil. *Chega de saudade*, aliás, não era tecnicamente uma biografia, mas a reconstituição de um lugar e uma época: o Rio de 1945 a 1970, em que germinou, brotou e explodiu a Bossa Nova. O que não impediu que muitos o vissem como uma "biografia da Bossa Nova", algo que, de certa forma, talvez fosse — uma biografia múltipla de rapazes e moças que tinham mudado o rumo da música popular. E, pelo espaço que ele ocupava na história, era também, na prática, uma biografia de João Gilberto.

Desde então, não parei. A *Chega de saudade* seguiram-se outros livros, agora nas duas categorias. As biografias propriamente ditas foram o citado *O anjo pornográfico* (1992), *Estrela solitária: Um brasileiro chamado Garrincha* (1995) e *Carmen: uma biografia* (2005). Os de reconstituição histórica, como os chamei, *Ela é carioca: Uma enciclopédia de Ipanema* (1999), *A noite do meu bem: A história e as histórias do samba-canção* (2015) e *Metrópole à beira-mar: O Rio moderno dos anos 20* (2019), todos pela Companhia das Letras. Biografias e reconstituições históricas são gêneros diferentes, de que falarei adiante, mas com um fator em comum: a dieta.

Ambas se alimentam da mesma matéria-prima — a informação.

Em *A vida por escrito*, tentarei dividir com o leitor o processo de construção desses livros e espero apresentar soluções para os problemas inerentes ao gênero. Mais do que um manual de como escrever uma biografia, será um relato da experiência de alguém que, depois de vinte anos nas principais Redações de jornais e revistas do Rio e de São Paulo, e já tendo passado dos quarenta, descobriu um novo mundo a ser explorado pela única ferramenta que o acompanha pela vida: a palavra. Ferramenta esta a serviço de uma curiosidade quase imoral pelo passado, e mais ainda pelo século XX. Levantar esse passado não implica nostalgia ou saudosismo, mas uma obsessão em descobrir como eram o dia a dia e a cultura quando ele, o biógrafo, ainda não existia nem nos sonhos de seus pais.

O passado é um país estrangeiro. Às vezes, parece distante. Porém, quando se mergulha nele, descobre-se que pode estar logo ali. E dispensa passaporte, visto e vacina.

# PERGUNTA

## O que é uma biografia?

Desde o primeiro borrão na parede da caverna, o homem faz biografia. Ponha aí entre 10 mil e 35 mil anos, e talvez na África — os estudiosos ainda não decidiram. Os rabiscos desse biógrafo pioneiro reproduziam as figuras de seus colegas e de animais, sinal de que já dominava a função básica da biografia: a descrição do outro. E ele podia não saber, mas já tinha muito que contar. À medida que o mundo se sofisticava, suas imagens começaram a formar histórias, e ele sentiu que precisava de algo mais para narrá-las — as palavras. Daí, em mais alguns milênios, veio a escrita. Ela lhe permitiu tanto tirar o indivíduo de seus subúrbios e situá-lo na História como penetrar no seu cotidiano e expor sua intimidade. No fundo, é o que os biógrafos fazem até hoje.

Há dúvidas sobre quais foram os primeiros biógrafos importantes, mas o grego Plutarco (c. 46 d.C.-119 d.C.) e o romano Suetônio (c. 69 d.C.-122 d.C.) estão entre eles. Ambos escreveram sobre os poderosos de seu tempo, dos deuses e faraós aos guerreiros e imperadores, porém de pontos de vista diferentes. Plutarco, em *Vidas paralelas* (c. 80 d.C.), ignorou a História e se concentrou nas grandezas e pequenezas de seus personagens; Suetônio, em *Vidas dos doze césares* (c. 121), beneficiou-se dos arquivos oficiais de Roma a que teve acesso sob Trajano e Adriano e pôs os ditos césares em seu tempo e espaço. É a opção do biógrafo: partir do geral para o particular ou vice-versa. Não há outra.

A partir dali, a biografia nunca mais saiu das listas de best-sellers. Os biografados eram invariavelmente religiosos, governantes, soldados, sábios e heróis, categorias que nunca estavam em falta no mundo de então — o homem comum ainda não entrara na cogitação do biógrafo, exceto quando parte das multidões. À medida que as biografias deixaram de se basear nas lendas da tradição oral e se debruçaram mais sobre os registros escritos, passou-se a enxergar esse homem um pouco melhor.

Mas foi na tão malvista Idade Média que a biografia revelou suas verdadeiras potencialidades. Em 397 ou 398, surgiu a primeira "autobiografia": *As confissões*, de Santo Agostinho. Consistia em uma rememoração de seus pecados no mundo laico, do roubo de peras no quintal do vizinho e da mais ostensiva luxúria até sua conversão à piedade e à fé. O livro inspiraria uma moda editorial: a das "memórias", adotada por incontáveis autores, como se, de repente, o expurgo de pecados em letra de fôrma fosse um passaporte para a vida eterna.

Mas ainda levou cerca de mil anos — um piscar de olhos na História — para que as biografias propriamente ditas começassem a contemplar os mortos recentes. Um clássico instantâneo foi *Vida de Dante*, por Boccaccio, de 1361, apenas quarenta anos após a morte do poeta, que pode ter sido também a primeira biografia literária. O mesmo e fabuloso Boccaccio também seria autor, em 1374, da primeira biografia de uma mulher, *A respeito de mulheres famosas* — para ser exato, 106 minibiografias de mulheres mitológicas ou reais, dentre as quais Eva, Vênus, Penélope, a poeta Safo, Agripina e Popeia, estas últimas respectivamente mãe e mulher de Nero. Outro título decisivo para o desenvolvimento da biografia foi *Le Morte d'Arthur* (1485), de Thomas Malory, uma costura de peripécias da corte do rei Artur. Foi o livro que deu ao gênero um sabor de romance de cavalaria e, para o bem ou para o mal, inaugurou o ciclo das biografias romanceadas. Com a invenção da imprensa por Gutenberg, em 1440, abriram-se de vez as comportas, e todas as formas de escrita saíram à luz.

Na biografia, novos recursos foram incorporados à investigação: conversas extensas com o biografado, a busca dos depoimentos de contemporâneos e a leitura de seus papéis pessoais, como diários íntimos, originais inéditos e correspondência. O uso desses elementos chegou ao ápice em *A vida de Samuel Johnson*, pelo escocês James Boswell, em 1791 — em termos acadêmicos, considerada a maior biografia até hoje em língua inglesa. Johnson (1709-84), pensador inglês, foi ensaísta, crítico, poeta, dramaturgo, editor, lexicógrafo e ele próprio biógrafo. Foi também autor de frases sobre tudo, embora sua reputação se resuma à muito citada "O patriotismo é o último refúgio de um canalha" (e não "dos canalhas", como passou à posteridade; Johnson não tinha nada contra o patriotismo, mas sim contra alguém que o usasse como refúgio).

O fato de Boswell ter tido total acesso pessoal a Johnson durante 28 anos e mantido com ele incontáveis conversas não impediu que os defeitos do biografado viessem à tona no texto final. Alguns podiam ser vagamente recrimináveis, como o orgulho e a vaidade. Outros eram hilariantes, como a aflitiva coleção de tiques de Johnson — piscar, tossir, pigarrear, fungar, sentir calafrios, fazer caretas e ter faniquitos, tudo ao mesmo tempo (não se sabia ainda que ele sofria de uma doença neurológica) — e seus hábitos inusitados, como o de tomar 25 xícaras de chá a cada sentada. Com tudo isso, Johnson sai tão grande da biografia quanto era ao entrar: o maior homem de seu tempo em seu país.

Se for verdade que o melhor biógrafo é aquele que deveria, um dia, inspirar uma biografia — algo de que tratarei em algum momento deste livro —, ninguém mais candidato a uma do que James Boswell. Ele revolucionou um gênero literário ao mesmo tempo que levou uma vida aparentemente incompatível com o trabalho. Numa época em que as menores distâncias pareciam intransponíveis, Boswell viajou por toda a Europa, ida e volta. Numa taberna em Berlim, em 1763, impressionou de tal forma um jovem italiano que este passou a vê-lo como uma inspiração: Giacomo Casanova. Como advogado, Boswell defendeu causas que sabia perdidas; foi um abolicionista militante e gozou da amizade de Rousseau, com cuja mulher teve um caso, e de Voltaire. Sofria da compulsão pelo jogo, no qual perdeu fortunas, e assombrava pela capacidade para beber. Era também um militante do sexo: pai de filhos com a mulher com quem foi casado por toda a vida, teve vários outros fora do casamento; internava-se por semanas em bordéis, praticando uma média de cinco relações por noite, e foi premiado com dezessete doenças venéreas. Estas, aliadas ao alcoolismo e à dissipação, o levaram à morte aos 55 anos, em 1795, apenas quatro anos depois de publicar sua obra-prima.

Os amigos de Boswell não entendiam como alguém tão dispersivo podia ter produzido um monumento como *A vida de Samuel Johnson*. Mas o biografado, que o adorava e o tratava como a um filho, devia saber, embora não tenha vivido para ler o livro. No fim, Boswell venceu: seu nome, em língua inglesa, tornou-se sinônimo de biógrafo. No conto "Um escândalo na Boêmia", Sherlock Holmes refere-se ao dr. Watson como "o meu Boswell". E o que seriam as aventuras de Holmes narradas por Watson senão uma biografia em progresso?

Nos Estados Unidos e na Inglaterra, tudo isso mais as técnicas da biografia fazem parte do programa das universidades. As matérias são complexas; os currículos, exigentes; e os catedráticos, biógrafos profissionais, com meia dúzia de títulos no cinturão. O que eles ensinam é fruto da própria experiência, já que, no tempo em que começaram a trabalhar, provavelmente não tinham com quem aprender. Mas, hoje, o que eles sabem pode ser ensinado, tornando a biografia uma ciência. Uma pequena ciência, sem dúvida — e talvez uma arte, num hipotético pós-doc na especialidade.

No Brasil, essa ciência é ainda mais experimental, porque só agora alguns de nós estamos tentando desenvolvê-la. Não existem cursos de biografia nas nossas faculdades de letras. E, mesmo que existissem, não garanto que seriam suficientes para dar conta do assunto. Talvez o aluno devesse ter aulas também numa faculdade de história, já que os personagens se movem em contextos de que é preciso conhecer pelo menos as linhas gerais, e numa faculdade de jornalismo, onde se aprende — ou ao menos deveria — a buscar informações, localizar pessoas, dominar técnicas de entrevista e organizar aquilo que foi apurado.

Mas, antes de tudo, é preciso definir o termo. O que será, modernamente, uma biografia? Muita coisa aconteceu desde os tempos de Santo Agostinho, Malory e Boswell. Suas inovações cristalizaram-se em gêneros próprios, como os livros de memórias, as vidas romanceadas, os diários "secretos" e as coletâneas de correspondência, quase sempre livros de grande venda. E foi ótimo que isso acontecesse — porque deixou a pista livre para a biografia, mais enxuta e mais exigente.

Decomposta, a palavra já diz: uma biografia é o relato da vida de alguém. E o biógrafo é aquele que constrói esse relato. Mas esse é só o começo da definição. Uma biografia é uma obra baseada em informações colhidas pelo biógrafo em diversas fontes, escritas, orais e, agora, digitais. As fontes escritas constam de material de imprensa, registros em arquivos e toda espécie de documentos — de certidões de nascimento, carteiras profissionais e passaportes até folhas corridas, autos de processos e autópsias. As fontes orais envolvem conversas com o maior número possível de pessoas que conviveram pessoal ou profissionalmente com o biografado — que o amaram ou odiaram ou só o conheceram de passagem, mas de passagem significativa. E as fontes digitais são um mundo à parte — os registros mais remotos sobre o biografado podem estar num site ou arquivo de que nem se suspeitava.

Donde uma "biografia" de alguém, seja de quem for, feita por um autor que se valeu apenas de sua memória sobre esse alguém, não será exatamente uma biografia. Não se faz uma biografia com base apenas nas nossas lembranças. Por mais intensa ou íntima que tenha sido a convivência com o personagem, quem escreve uma biografia precisa também da memória dos outros, de muitos outros, para ter uma visão completa. Não quer dizer que esse tipo de livro não deva ser feito. Deve, sim — apenas não pode ser chamado de biografia. Seria, mais precisamente, uma memória, a memória de uma pessoa sobre outra. E não há nenhum desdouro nisso, desde que se use o nome certo.

Temos também a "autobiografia". O que será? Para o leigo, é a biografia de alguém por esse próprio alguém. O problema é que, para fazer jus a essa classificação, o dito autobiógrafo deveria usar as mesmas técnicas de um biógrafo, das quais a principal é ouvir o máximo possível de fontes. Mas isso nunca ocorrerá a quem escreve sobre si próprio. O autobiógrafo, quase sempre, ouvirá apenas a si mesmo, a sua memória — que será inevitavelmente sujeita a omissões, "esquecimentos" ou à sua visão particular de determinados fatos.

Nenhuma "autobiografia" é confiável. Nelson Rodrigues foi quem melhor a definiu: "Ao escrevê-la, o sujeito se olha no espelho e se vê num vitral". O problema da autobiografia não está em quem a escreve, mas nas suas próprias características. Toda autobiografia, por mais bem-intencionada que seja, é um exercício de autobustificação — o sujeito se põe de perfil e se esculpe em palavras, tendo em vista sua entronização na posteridade. Na melhor das hipóteses, tentará induzir seus leitores a vê-lo como ele se vê, e isso inclui até Santo Agostinho, que, por sinal, foi parar em inúmeros vitrais.

Daí que, quando me perguntam se um dia escreverei minha autobiografia, respondo sem piscar: "Nunca. Não confio em mim".

Mas não vamos confundir as coisas. Se alguém se julga interessante o suficiente para escrever sobre si mesmo, deve fazê-lo, o que também não será um trabalho desprezível. Por mais que apresente uma verdade maquiada, esse livro poderá ser útil no futuro como elemento para uma biografia de verdade — uma "memória" a ser juntada a outras para compor uma história completa e que busque a imparcialidade.

Se não faltam pessoas para pôr suas memórias no papel, há muitos que, para lástima de seus amigos e admiradores, se recusam a fazer isso. Todos já privamos com pessoas que julgamos extraordinárias e, depois que elas se foram, nos perguntamos por que nunca escreveram sobre si próprias, sobre sua época e seus contemporâneos. Eu mesmo já me fiz essa pergunta sobre Otto Lara Resende, Millôr Fernandes e Rubem Braga. Eles tiveram uma vida extraordinária, conviveram com famosos e anônimos, gênios e enganadores, poderosos e indefesos e, de seu privilegiado ponto de vista, teriam incríveis revelações a fazer. Mas Otto, Millôr e Rubem nunca quiseram fazer isso. Não por falta de propostas de editores, mas talvez porque soubessem que, se contassem tudo que sabiam, o Cemitério São João Batista, no Rio, seria pequeno para tantas reputações.

Pode acontecer também o contrário: o caso de homens e mulheres brilhantes que, tendo tanto a contar, nem sequer cogitam essa ideia porque acreditam que, se fizerem um balanço de sua vida, morrerão logo depois. Não adianta dizer-lhes que, ao contrário, esse livro é que os tornará imortais, vide a quantidade de medíocres e vaidosos que se "autobiografaram" aos sessenta anos e chegaram aos noventa ou mais.

Muitos autores que escreveram sobre si mesmos e sua época produziram testemunhos excepcionais. Um deles foi Stefan Zweig, em *O mundo que eu vi* (1943). Você dirá que Zweig não vale, porque o mundo que ele conheceu foi a Europa Central de 1900 a 1940, berço de vários gênios do século e epicentro do que aconteceu de grandioso e de horrível no período. Mas não foi o cenário que tornou o livro grandioso. Foi o autor, porque Zweig encontrou o equilíbrio perfeito na descrição do indivíduo em um contexto de sonho e pesadelo. *Memórias do cárcere* (1953, póstumo), de Graciliano Ramos, também é extraordinário, mas diferente. Embora se passe no sinistro Brasil de 1936, a narrativa raramente escapa do que se passa na cabeça do autor. Zweig escreveu para fora; Graciliano, para dentro. Os dois livros partiram da mesma e exclusiva fonte, a memória do autor, e como tal devem ser classificados. Não são autobiografias, são memórias.

Paradoxalmente, Zweig foi um dos três famosos autores de um tipo de livro que atrasou a biografia por quase cem anos: a biografia romanceada. É aquela em que o autor, usando seu talento narrativo exercitado na ficção, mistura fatos à sua imaginação e produz um relato que hipnotiza o leitor e o convence de que tudo o que ele leu é verdade. Os outros dois foram o suíço-alemão Emil Ludwig (1881-1948) e o francês André Maurois (1885-1967). Um pelo outro, publicaram dezenas de biografias, todas estrondosos sucessos de livraria e em catálogo até hoje. Ludwig "biografou", entre muitos outros, Napoleão, Goethe, Bismarck, Lincoln, Cleópatra e, para mostrar que não estava de brincadeira, Jesus. Os heróis de Maurois estavam mais na área da literatura — Shelley, Byron, Victor Hugo, Proust —, embora ele não dispensasse o seu Napoleão. E Zweig cobria as duas áreas: escreveu sobre Erasmo de Rotterdam, Maria Antonieta, Maria Stuart, Montaigne, Balzac, Nietzsche, Casanova, muitos mais. E os três, se preciso, escreviam a pedidos: Ludwig fez um livro de encomenda sobre o rio Nilo; Zweig, sobre o Brasil; Maurois, sobre o Rio. A biografia romanceada é uma contradição em termos e ainda estou para ver uma só delas que tenha passado à história da literatura.

Assim como não sei de nenhum produto do "New Journalism" ou "jornalismo literário", como o praticado por Norman Mailer, Tom Wolfe e Gay Talese, que tenha despertado interesse literário. Você citará a reportagem de Gay Talese "Frank Sinatra está resfriado", publicada na revista *Esquire* em abril de 1966 e, desde então, fanaticamente reproduzida em antologias de jornalismo como a obra-prima do gênero. A história é conhecida: como Sinatra se recusou a recebê-lo, Talese entrevistou gente do entourage do cantor para produzir seu texto. Por algum motivo, isso é considerado formidável. Mas pergunto: que repórter já não fez isso desde a invenção da imprensa? E quem sabe muitos já não o tenham feito melhor? Posso citar, de memória, um deles: "A milésima segunda noite da avenida Paulista", de Joel Silveira, publicado no vespertino carioca *Diário da Noite* em 1945. Impossibilitado de ir ao monumental casamento da filha do conde Matarazzo, em São Paulo, por falta de convite, Joel ouviu os grã-finos paulistas, convidados ou não, combinou-os com a descrição de outro casamento no mesmo dia — o de um humilde casal de operários das Fábricas Matarazzo! — e produziu, esta, sim, uma obra-prima. Uma obra-prima do jornalismo, claro.

Para o leigo, é tudo biografia. Inclusive três modernos e populares subgêneros: o perfil, o livro-reportagem e o ensaio biográfico. Mas serão, de fato? Dos três, o que mais se aproxima da biografia é o perfil. É uma biografia de bolso, mais curta, o que não a obriga a ser superficial ou leviana. Quando bem executado, o perfil resume a vida de alguém ao essencial, geralmente em associação com algum fato, época ou ângulo específico. E o correto é que esse ângulo esteja explicitado na capa. Exemplos: a vida íntima (não profissional) de um campeão da Fórmula 1, a carreira profissional (não pessoal) do famoso cantor ou a trajetória do político tal antes de chegar ao poder.

Donde um perfil também não é tecnicamente uma biografia, nem deveria se propor a ser. O próprio nome *perfil* já indica que o personagem está sendo visto de um só lado — de perfil. A biografia é muito mais vasta. Exige que o autor dê várias voltas em torno do biografado, para capturá-lo não só de perfil, mas de frente, de costas, de cabeça para baixo e de dentro para fora, o que só se consegue quando se tem uma grande quantidade de fontes de informação.

O chamado livro-reportagem decididamente não é uma biografia, e menos ainda da maneira como costuma ser praticado no Brasil. Ocorre com frequência na área política, quando um presidente é deposto, marcha para o exílio, sofre impeachment, vai preso ou morre no cargo. Em poucas semanas um jornalista publicará um "livro-reportagem" sobre o fulano, e a imprensa chamará esse livro de biografia. Mas, na prática, será apenas um apanhado de artigos e reportagens que o próprio autor vinha publicando em seu jornal ou sua revista e, depois de acrescentar-lhe uma introdução, levou a uma editora. Por ser de linguagem atraente e de fácil leitura, esse livro pode se tornar um best-seller. Mas nunca passará de um registro sem novidade em relação ao que já se soubesse — apenas substituirá na estante os recortes que alguns leitores haviam colecionado e guardado numa pasta. Tal livro, lançado no calor do fato, pode ser empolgante, mas está condenado ao esquecimento assim que o assunto esfriar.

Ainda que esse trabalho comporte algum mérito, não se pode compará-lo a uma biografia, em que o autor dedicou anos a entrevistar gente, ler toneladas de material, descobrir arquivos perdidos e vasculhar documentos originais, sem falar no tempo que levou para escrever. Outra superioridade da biografia em relação a tais livros feitos em cima da perna é que, como sua produção leva muito mais tempo, o autor adquire um distanciamento necessário à compreensão do personagem. O "livro-reportagem", portanto, não é sequer um híbrido de jornalismo e literatura, mas um mero rótulo comercial. Pela pressa em ser publicado — um dia de atraso pode fazer diferença nas vendas —, ele terá todos os defeitos de uma reportagem de jornal, sujeita aos asfixiantes horários de fechamento: texto frouxo, impossibilidade de checar tudo, tendência a erros.

Atenção: nem todos os livros do gênero são apressados ou oportunistas. Alguns, de fato, partem da convivência do jornalista com o seu assunto — os bastidores de uma campanha eleitoral, a corrupção num organismo público, um inquérito-monstro sobre o governo —, mas, ao decidir ampliá-lo num livro, o autor precisará se aprofundar em disciplinas a que nunca foi solicitado como repórter. Dependendo do caso, terá de se familiarizar com leis, economia, comércio. O método de trabalho se parecerá com o de uma reportagem, mas o resultado não poderá ser caracterizado como tal. O próprio tratamento do texto exigirá um refinamento e um cuidado que nunca lhe foram cobrados por seu chefe no jornal ou revista. Daí a classificação de "livro-reportagem" não fazer justiça ao seu trabalho.

Os sertões (1902), de Euclydes da Cunha, é considerado o "livro--reportagem" brasileiro por excelência, por ter sido "publicado originalmente como reportagens" n'*O Estado de S. Paulo*. Há várias imprecisões nessa história. Para começar, o fluminense (de Cantagalo) Euclydes não era jornalista, mas engenheiro militar e apenas eventual colaborador do jornal, com artigos opinativos sobre questões da recém-instaurada República. Depois, *Os sertões* não foi escrito em Canudos, enquanto as balas zuniam sobre o autor e os cadáveres se empilhavam ao seu lado. Ao contrário, Euclydes escreveu-o anos depois do fato, de robe, touca e chinelos, no conforto de sua casa, nas cidades paulistas de São José do Rio Pardo e São Carlos do Pinhal, onde estava morando a trabalho.

Duvida? Venha comigo. Em novembro de 1896, uma sublevação em Canudos, no sertão da Bahia, comandada por um homem chamado Antonio Conselheiro atraiu a atenção do governo federal. Este a confundiu com uma revolta monarquista e mandou o Exército para combatê-la. Mas, com seu conhecimento da região e fanática adesão ao líder, os adeptos de Conselheiro impuseram humilhantes derrotas às expedições enviadas pelo presidente Prudente de Moraes. Em meados de 1897, o governo, finalmente consciente do poder dos rebeldes, despachou um contingente de cerca de 10 mil homens. A ordem passou a ser esmagar a conflagração. Antes ignorada pelo país, só então Canudos ganhou interesse nacional.

Quatro jornais do Rio mandaram correspondentes para a frente de batalha: a *Gazeta de Notícias*, o *Jornal do Comércio*, *A Notícia* e *O País*. Euclydes, que em março e julho daquele ano publicara n'*O Estado de S. Paulo* dois artigos sobre a guerra sem conhecer a região, foi convidado por Julio de Mesquita a ir a Canudos para ver os combates e escrever a respeito. Hesitou, porém acabou indo — não somente pelo *Estado*, mas também como adido à comitiva militar, com direito a arma, ração e ordenança.

Entre sua chegada a Monte Santo, no começo de setembro, e a rendição de Canudos, em 6 de outubro, Euclydes passou pouco mais de um mês na região. Mandou cerca de trinta artigos para o jornal, despachados por telégrafo na vizinha cidade de Queimadas — textos que, assim como os dos repórteres dos outros jornais, eram censurados pelo Exército antes de seguir. Euclydes fez o serviço direito: conversou com combatentes dos dois lados, copiou os diários deles, ouviu relatos das batalhas e viu feridos abandonados para morrer. Mas não chegou a conhecer Antonio Conselheiro e voltou para o Rio quatro dias antes da devastação final. Não testemunhou, portanto, o incêndio dos arraiais pelas tropas, a dizimação de inocentes ou a morte do líder da rebelião, nem sua posterior exumação e degola póstuma.

Meses depois, Euclydes publicou n'*O Estado* o que hoje sabemos serem excertos do futuro livro. Mas sua realização em livro foi outra coisa. Pelos dois anos seguintes, Euclydes deixou Canudos na gaveta e foi trabalhar na construção de uma ponte em São José do Rio Pardo. Terminada a obra, em 1900, voltou finalmente ao assunto. Sentou-se para escrever e, num trabalho que lhe tomou outros dois anos, fez de *Os sertões* o que ele é: uma colossal descrição da terra, do homem e da luta desse homem por essa terra. O livro saiu em 1902, e o Brasil recebeu-o imediatamente como a obra-prima que ele era.

Por que, com tantos repórteres no teatro das operações, só Euclydes escreveu *Os sertões*? Porque eram repórteres. Não tinham seus conhecimentos de geografia, história, geologia, hidrografia, zoologia, botânica e etnografia, indispensáveis à compreensão de Canudos. Como então classificar *Os sertões*? Talvez um genial ensaio histórico. Nunca um "livro-reportagem".

Temos também o "ensaio biográfico". Trata-se de um subgênero favorito dos meios acadêmicos, dedicado quase sempre a um escritor. É um híbrido: tanto pode ser a narrativa da vida de um autor a partir de uma análise de sua obra como uma análise dessa obra à luz da vida do autor. Nos dois casos, essa conexão será sempre um exercício de conjetura, com 50% de chance de dar certo e outros tantos de dar errado. Lembra-me uma besta mitológica inventada por Woody Allen num dos contos de seu livro *Sem plumas* (1979) — um animal metade leão e a outra metade também, mas não do mesmo leão.

Biografar um escritor com base em sua obra de ficção, crônica ou poesia significa acreditar no que ele escreveu sobre si mesmo ou presumir que sua vida está camuflada em seus personagens. Mas não há fonte menos confiável sobre si mesmo do que um ficcionista — afinal, ele é um... ficcionista. Seu material é a mentira, a maravilhosa mentira de que se alimentam seus romances, contos e até crônicas, mas que é veneno para uma biografia.

E há as duplicidades involuntárias, em que, sem querer, o escritor é um e sua pessoa é outra. Pela leitura de sua obra, Lucio Cardoso era um escritor atormentado, com personagens que se debatem nas sombras, cheios de culpa moral, religiosa e sexual, vide seu grande romance *Crônica da casa assassinada*, de 1959. Mas esse era o escritor. Fora da página impressa, Lucio era um homem iluminado, festeiro e gregário, um gay com poder de sedução sobre as mulheres — Clarice Lispector pediu-o em casamento — e personagem dos mais populares na Ipanema dos anos 50. Já João Cabral de Melo Neto, cuja poesia era clara como um copo d'água, para usar uma de suas grandes imagens, tinha uma vida mais turva do que se pensava, segundo seu biógrafo Ivan Marques. E, nos anos 50, a vida e a obra de Nelson Rodrigues sofreram linchamentos simbólicos e reais. Por causa de seu teatro, muitos o viam como um tarado, devasso e desbocado, e só faltou "caçá-lo a pauladas, como uma ratazana prenhe". Mas, no dia a dia, Nelson era um ser em permanente estado de paixão (todas as suas paixões eram eternas), que tratava sua úlcera "a pires de leite" e nunca dizia palavrão. Não por acaso, avisei o leitor logo nas primeiras linhas de *O anjo pornográfico*: "Esta é uma biografia de Nelson Rodrigues, não um ensaio biográfico". Analisar se seu teatro refletia sua vida ou vice-versa era tarefa para ensaístas, não para o biógrafo. Este levantou os fatos; os ensaístas que os interpretassem.

Para complicar a tarefa de biografar escritores, vários deles trabalham de propósito contra seus futuros biógrafos, apagando pistas que poderiam levar a informações indesejadas. Nos séculos XIX e XX, Charles Dickens, Walt Whitman, Henry James, James Joyce e Sylvia Plath foram alguns que rasgaram ou queimaram suas cartas para que, com sua morte, elas não caíssem em mãos outras. Kafka também queria fazer isso, mas morreu antes, e seu amigo Max Brod salvou tudo. Em compensação, há os parentes intrometidamente zelosos: inúmeras cartas de Jane Austen foram queimadas por sua irmã, Cassandra, temerosa de que as inconfidências nelas contidas levassem à identificação de personagens, quase todos baseados em familiares ou pessoas das relações dos Austen.

Outros escritores, ao contrário, plantam pistas para construir uma posteridade a seu modo. Em seus livros *Ponta de lança* (1944) e *Sob as ordens de mamãe* (1954), Oswald de Andrade (1890-1954) dedicou-se a converter seus flamejantes reacionarismo, carolice, racismo, homofobia, misoginia e íntima ligação pessoal, política e financeira com o poder nos anos 1910 e 20 à lenda de rebeldia, contestação e modernidade com que queria passar à História. Conseguiu. E não só. O Oswald real, com as histórias mal contadas sobre passagens pouco meritórias de sua vida, foi apagado. Ficou o da lenda.

Mas nenhum caso é tão exemplar quanto o do romancista e memorialista americano Philip Roth (1933-2018), que explodiu em 1969 com *O complexo de Portnoy*. Assim que se viu consolidado como o romancista americano mais importante de sua geração, Roth começou a se preparar para a posteridade. Partes de sua vida foram descritas em copiosas "memórias" que escreveu para publicações populares. Outras já pareciam incorporadas à sua ficção, que ele sempre insinuou ser autobiográfica. Mas o mais importante foi a busca pelo autor daquela que deveria ser sua biografia definitiva.

Roth se ofereceu para reputados biógrafos americanos, garantindo-lhes acesso a toda espécie de papéis seus — arquivos, originais, cartas, cadernos de telefones, agendas — e dispondo-se a quantas entrevistas fossem necessárias. Como se esperava, todos o acolheram com entusiasmo — uma biografia de Philip Roth, mesmo de encomenda, seria disputada pelas editoras. O problema era saber se, depois de muitas conversas preliminares, o biógrafo seria aceito por ele e autorizado a começar a trabalhar.

Em certo momento dessa busca, entre um e outro de seus potenciais biógrafos, Roth teve o desprazer de se ver protagonista das memórias de sua segunda ex-mulher, a atriz inglesa Claire Bloom, com quem ele viveu de 1990 a 1995. Claire, lançada por Charles Chaplin em 1952 em seu filme *Luzes da ribalta*, pintou Roth em seu livro *Leaving a Doll's House* (1996) como um marido grosseiro, egoísta e infiel. Para piorar, narrou o assédio de Roth a uma amiga da filha dela, hospedada com eles. O assédio teria sido rechaçado pela jovem, e Roth, de acordo com o relato, mandou-lhe um bilhete acusando-a de "histeria sexual". Para o escritor, foram histórias como essa, interpretadas "erroneamente" por Claire, que o impediram de ganhar o Nobel de Literatura. Em troca, ele escreveu um livro, *Notes for My Biographer*, destinado a rebater cada acusação de Claire. Mas já não adiantava: as obsessivas tentativas de Roth de lavar sua biografia faziam agora parte dela.

Por fim, em 2012, Roth pensou ter encontrado o biógrafo definitivo: Blake Bailey, autor de biografias como a do contista John Cheever e do quase esquecido Charles Jackson, cujo romance *The Lost Weekend* (1944) originou o filme *Farrapo humano* (1945), de Billy Wilder. Tanto Cheever quanto Jackson eram antologias ambulantes de dramas pessoais, principalmente alcoolismo. Roth gostou de ver como Bailey os tratou e, assim que começaram o trabalho, ele lhe abriu sua intimidade. Falou sobre suas aspirações, temores, ânsias, opiniões e do processo cerebral por trás de cada um de seus livros e personagens. Abriu-lhe também seus pecadilhos pessoais, com relatos sobre ex-namoradas e amantes. "Não quero que você me redima", disse a Bailey. "Apenas me faça interessante." Roth podia pedir isso e, se quisesse, muito mais, porque, com toda essa modéstia pungente, se tratava de uma biografia autorizada. Embora

Bailey fosse assiná-la sozinho, os direitos autorais seriam divididos entre eles.

O livro custou a Bailey oito anos de trabalho. O resultado, *Philip Roth: The Biography* (não "uma", mas "a" biografia), com oitocentas páginas, saiu em abril de 2021 sob aclamação geral da crítica americana. Roth, morto em 2018, não a esperou. E Bailey, então com 58 anos, já sonhava com o prêmio Pulitzer. Só não contava com o que o destino lhe reservara.

Assim que seu nome começou a aparecer, pipocaram denúncias. Duas mulheres do meio editorial o acusaram de estupro e outras de assédio sexual. A consistência das acusações fez com que sua editora, a W. W. Norton, interrompesse a distribuição do restante dos 50 mil exemplares impressos da biografia e suspendesse a reimpressão já programada de outros 10 mil. Bailey teve de mudar de editora, e contratos em línguas estrangeiras foram cancelados. Mas o prejuízo póstumo de Roth não se limitou a ter sua biografia engavetada — sua vida também voltou à berlinda por causa de Bailey. Lendo melhor o livro, os críticos se perguntaram se, por uma suspeita identificação entre biógrafo e biografado, Bailey não teria protegido Roth de acusações semelhantes.

Como se vê, o direito de vida ou de morte do biógrafo sobre o biografado não se limita à página impressa. Neste momento, tanto Bailey quanto Roth e o livro de ambos estão numa espécie de limbo, empilhados em algum depósito, à espera da volta à luz ou ao fogo eterno.

Chegamos, por fim, à grande variante da biografia que chamo de reconstituição histórica, e eu próprio a pratico com entusiasmo. De certa forma, ela é o contrário da biografia. Se, nesta, o personagem está em primeiro plano, tendo por trás o cenário e sua época, na reconstituição histórica a situação se inverte: o cenário e a época tomam a frente da narrativa, e os personagens é que vão se imiscuindo nela à medida que chega a vez de cada um. Como já disse,

*Chega de saudade*, *A noite do meu bem* e *Metrópole à beira-mar* entram nessa classificação.

Não quer dizer que o método de trabalho seja muito diferente. Em ambos busca-se a informação, e nas mesmas fontes: entrevistas pessoais, consulta a documentos e pesquisa em material impresso. Mas, ao passo que a biografia tem como fio condutor um personagem que centraliza tudo, na reconstituição histórica a investigação parece não ter limites. Abrangerá sociedade, política, economia, ciência, comportamento, o que se imaginar, e as peculiaridades inerentes ao assunto do livro — a Bossa Nova em *Chega de saudade*, o samba-canção em *A noite do meu bem* e a modernidade do Rio dos anos 20 em *Metrópole à beira-mar*. E há também o fato de que, entre os personagens desses contextos, haverá pessoas fascinantes que exigirão um mergulho equivalente ao feito para uma biografia.

A principal diferença estará na escrita. Enquanto a biografia é um relato basicamente linear, a reconstituição histórica é um caleidoscópio com os cristais se movendo o tempo todo. Nesta, há sempre muita coisa acontecendo ao mesmo tempo e coadjuvantes ou figurantes entrando e saindo — afinal, é um mundo ou, pelo menos, um país ou cidade que está sendo descrito. Tenha-se em mente, no entanto, que, se é inevitável que a apuração das informações seja caótica, a transposição delas para o papel não poderá sê-lo de jeito nenhum. Elas terão de ser costuradas numa sequência lógica e racional, cuja leitura não faça o leitor se perder em meio à multidão. Mas como estabelecer essa sequência?

Vamos com calma. No caso da biografia, como decidir quem se vai biografar? Como descobrir tudo sobre o personagem? Como se organizam as informações e se produz um texto fluente e objetivo? E, depois do texto pronto, o que acontece com ele?

Todas essas perguntas e outras que lhe ocorrerem serão respondidas aqui. Não perca os próximos capítulos.

# 1
## A ESCOLHA DO BIOGRAFADO

Nem todo avô rende um livro • Não se pode confiar no biografado vivo • O que é uma autobiografia? • Nas garras do ghost-writer • Conhecer o cenário, uma forma de poupar tempo • O biografado ideal • Nunca jogue fora uma boa história • Variar de assunto ou especializar-se? • Como nasceu *Chega de saudade* • A ideia de biografar Gasrrincha • Por que um livro sobre Ipanema? • A decisão de biografar uma mulher • Biografar quem se ama ou se detesta?

Todo mundo, um dia, já disse esta frase: "A vida do meu avô daria um livro!" Se não disse, pensou. E, se não foi a vida do avô, pode ser a do pai, de um tio ou, mais raramente, de um primo distante. Não há família sem um parente genial ou excêntrico, cujas aventuras ou estrepolias nos encantaram, embora talvez tenham enlouquecido os que o cercavam. Eu próprio tive um delicioso tio-avô, Benicio, homem do século XIX, que levou boa parte de seus noventa anos empenhado na invenção do moto-contínuo — o qual, se existisse, seria uma máquina que, por gerar mais energia do que consome, ficaria em perpétuo movimento.

Como, segundo me contaram, o moto-contínuo é uma impossibilidade física, sempre houve alguém tentando construí-lo. Tio Benicio foi um desses, e posso quase vê-lo, num galpão em Minas Gerais, de macacão, entre arruelas e alicates, em busca de uma rebimboca que fizesse sua engenhoca funcionar. Tudo isso enquanto deixava de lado as tarefas em sua relojoaria na frente da casa, para desespero de mulher e filhos. A vida de tio Benicio daria um livro, que eu adoraria ler, mas duvido que você se interessasse por ele. E este é o principal problema de se biografar alguém da própria família — estamos perto demais do biografado para entender que talvez ele não atraia muita gente fora do nosso círculo íntimo.

Foi o que tentei dizer a uma turma de alunos na aula inaugural de meu primeiro curso de biografia, em 1999, para a Estação das Letras, no Museu da República, no Rio:

"Bem, então já sabem. Nem todo avô ou tio-avô dá livro" — decretei, insinuando também que, em tese, não levava fé em netos como biógrafos potencialmente qualificados.

Uma voz feminina se levantou na última fileira, sem que eu visse de quem era, e garantiu:

"O meu avô dá. E já estou fazendo!"

Fui magnânimo:

"Ah, é? E quem é o seu avô?"

"Dorival Caymmi."

Só então identifiquei a dona da voz. Era Stella Caymmi, filha de Nana e neta do homem. Com trinta segundos de jogo, no primeiro dos muitos cursos sobre biografia que eu daria, uma aluna vinha demolir o que, para mim, era uma cláusula pétrea: a de que as pessoas da família não são as mais adequadas para biografar um parente ilustre, porque tendem a protegê-lo, relevar suas peraltices ou esconder suas bandalheiras para não magoar, digamos, uma viúva sobrevivente. No caso de Stella, era ainda mais complicado porque não só o próprio Caymmi estava vivo e lúcido, como suas conversas com ele se davam na presença de sua avó Stella Maris, mulher de Caymmi; esta, sim, uma mulher maior que a vida — e que passou décadas de olho nas escapadas de Dorival. Que liberdade a neta teria para trabalhar?

Não sei como, mas ela conseguiu. Publicado dois anos depois, em 2001, seu livro, *Dorival Caymmi: O mar e o tempo*, resultou magnífico. Objetivo, bem escrito e cheio de novidades, inclusive uma que, para mim, foi uma revelação: Caymmi, o grande cantor do mar e dos pescadores, não sabia nadar. E nunca pescou na vida. Prova de que assim é o artista — cria mundos não a partir da realidade, mas da imaginação. Exatamente o contrário do que faz o biógrafo. Mas acho que Stella foi uma exceção, porque nunca mais li uma boa biografia de avô escrita pelo próprio neto. E elas nem fazem falta, com tantos avós na praça para biografar — os dos outros.

Em 1993, Dercy Gonçalves telefonou convidando-me a escrever sua biografia. Não sei se fazia isso porque lera o recém-lançado *O anjo pornográfico* e gostara. Mais provável é que nunca o tenha lido e alguém lhe dissera que eu era o homem indicado para escrever sobre sua vida.

E que vida! Quando Dercy nasceu, na pequenina Santa Maria Madalena (RJ), em 1905, Machado de Assis, Olavo Bilac e João do Rio ainda circulavam lindamente pelas ruas do Rio, e Mario Reis (1907), Carmen Miranda (1909) e Noel Rosa (1910) não eram nem nascidos. O samba também estava longe de nascer, assim como a marchinha de Carnaval. E era quase impossível acreditar que Dercy viera ao mundo *antes* da Grande Guerra (1914-8), da Revolução Russa (1917) e da Gripe Espanhola (1918) e que, quando tudo isso aconteceu, ela já tinha idade para ler a respeito nos jornais.

Ao receber o convite de Dercy, o século XX que ela conhecera passou como um filme aos meus olhos, estrelado por sua impressionante carreira de vedete em todos os palcos possíveis — de circo, terreno baldio, caminhão com lona, teatro, cinema, televisão e até o do Canecão. Seus fãs iam morrendo, mas ela ficava, e sua carreira, àquela altura, já atravessava várias gerações. Às vezes Dercy passava algum tempo fora de cena. Pensava-se até que havia morrido e, de repente, ressurgia maior do que nunca. Dois anos antes de me telefonar, no Carnaval de 1991, ela levantara a plateia do Sambódromo ao desfilar, de pé numa alegoria da Viradouro, a dez metros de altura, com os seios nus.

Pois era essa mulher que me oferecia sua vida para contar. Pena que sua proposta, tão tentadora, tocasse num nervo sensível: a impossibilidade, para mim, de biografar uma pessoa viva. Era algo que eu estabelecera desde que começara a trabalhar com biografias. E tinha um sólido argumento para justificar tal convicção: o biografado vivo torna o trabalho impossível.

Ao se biografar alguém que esteja vivo, esse alguém precisará ser intensa e extensamente ouvido pelo biógrafo. Afinal, quem mais autorizado do que ele para responder sobre a própria vida? O problema é o conceito, sempre magnífico, que todo biografado faz de si mesmo — e que ele tentará impor ao biógrafo, porque é aquele que ele quer que prevaleça junto ao leitor —, de modo que, ao servir de fonte sobre si próprio para o biógrafo, o biografado tenderá a mentir, omitir ou abrilhantar informações sobre certos episódios de sua vida que ele mesmo julga menos primorosos. Pior ainda: obrigará seus amigos, caso estes sejam entrevistados, a fazer o mesmo — mentir, omitir, atenuar certas passagens. E é natural que isso aconteça, porque uma pessoa que seja importante o suficiente para merecer uma biografia terá um poder igual para impor limites aos que gravitam em sua órbita. Eis aí, portanto, o biografado vivo tentando sabotar o trabalho do biógrafo.

Para piorar, o biografado vivo é também um biografado de risco — porque sua história ainda não terminou. Ao cometer a indelicadeza de continuar na praça depois de publicado o livro, e por estar sujeito às cascas de banana que a vida nos atira, esse biografado poderá praticar algo que talvez macule ou mele de vez o trabalho que custou anos ao biógrafo. E, com isso, ninguém mais vai querer saber do livro. O caso clássico é *Woody Allen: uma biografia*, por Eric Lax.

Quando esse livro saiu nos Estados Unidos, em 1991, foi logo traduzido para várias línguas, e críticos de toda parte se apressaram em classificá-lo como a "biografia definitiva" do ator e diretor.

Afinal, como Lax informa na introdução, dava-se pessoalmente com Allen desde 1981, entrevistava-o com frequência para artigos de jornais e revistas, e, no processo de pesquisa da biografia, Woody o recebera inúmeras vezes durante quatro anos para conversas — nas quais, segundo disse, Woody "abriu-se por inteiro". Além disso, o diretor garantiu-lhe total independência ao escrever ("Escreva o que quiser") e acesso livre a seus amigos, para que também lhe contassem o que quisessem. Disso resultou, sem dúvida, um livro minucioso, ponderado e bom de ler — mas definitivo? A realidade provaria que, poucas semanas depois do lançamento, não haveria ninguém mais diferente daquele biografado do que o cidadão que de súbito emergiu no noticiário da televisão e dos tabloides. Veja a dimensão dessa diferença.

Até fins de 1991, poucas pessoas no mundo eram tão queridas e admiradas, como personagem, artista e pessoa, quanto Woody Allen. Aliás, os três se confundiam: o homem inseguro, tímido e sensível que ele fazia em filmes como *Annie Hall* (1977), *Manhattan* (1979), *A era do rádio* (1987) e tantos outros; o ator feio e de óculos que interpretava esse homem; e, por tudo que se sabia, o que ele parecia ser na vida real. Era esse espelho de três faces que o tornava amado.

De repente, em janeiro de 1992, o mundo veio abaixo: Mia Farrow, a atriz com quem ele mantinha um relacionamento estável havia doze anos — cada qual em seu apartamento em Nova York, separados pelo Central Park —, encontrou fotos de uma de suas filhas adotivas, a sul-coreana Soon-Yi, nua, em cima de um móvel no apartamento de Woody.

Confrontado, Woody admitiu tudo. Sim, ele e Soon-Yi tinham se apaixonado e estavam juntos havia quase um ano. Sim, eles se sentiam culpados em relação a Mia e aos seus quase dez filhos, naturais e adotivos, irmãos de Soon-Yi. Mas não fora algo que tivessem planejado, apenas acontecera. E havia atenuantes, ele argumentou. Soon-Yi tinha 21 anos, quase 22. Era uma adulta, não uma criança, nem era enteada dele. E o fato de ele ser 34 anos mais velho do que

Soon-Yi não queria dizer nada, porque a própria Mia tinha sido casada com Frank Sinatra, trinta anos mais velho do que ela. Mas a atriz não quis saber e declarou guerra. Soon-Yi saiu do apartamento da mãe, atravessou o parque e foi morar com Woody, como se dissesse: "Não me façam de vítima, ninguém me seduziu". Mas nada inocentava Woody — aos olhos de milhões, o que ele fizera parecia imperdoável. O pior, como sabemos, ainda estaria por vir, mas, naquele primeiro momento, a unanimidade já havia trocado o mais por menos, e Woody Allen se tornara, para muitos, um homem a ser odiado.

Posso imaginar o susto de Eric Lax no café da manhã, ao ler em tabloides como o *New York Post* ou o *National Enquirer* sobre aquele terremoto na vida de seu biografado — terremoto do qual ele, como o biógrafo traído, estava sendo o último a saber. Aquilo significava que, em 1991, enquanto mantinha as conversas finais com Woody para o livro, o caso com Soon-Yi já estava correndo sob as suas barbas. É verdade que Woody não era obrigado a lhe falar de sua intimidade — nem ele, Lax, era seu psicanalista —, mas como o biógrafo fora incapaz de pelo menos desconfiar? E, se Woody conseguiu ser tão dissimulado nesse caso, o que mais escondera durante suas conversas? O pior é que, à luz daquele fato novo, todo o passado de Woody ficava sob suspeita e decretava, para Lax, que seu livro estava condenado. Pedir à editora Alfred A. Knopf que recolhesse o livro — 50 mil exemplares já distribuídos — para que ele o corrigisse e emendasse era impraticável. E, mesmo que tenha podido fazer isso numa futura reimpressão, a primeira edição de sua biografia fora definitivamente atropelada.

Eu tinha tudo isso em mente ao conversar com Dercy Gonçalves, mas não iria despejar nela essa história por telefone. Da maneira mais delicada possível, expliquei-lhe que declinava do convite por não biografar pessoas vivas e, como gostava muito dela — o que era verdade —, queria que vivesse para sempre; logo, nunca poderia biografá-la.

Dercy resmungou qualquer coisa e desligou. Semanas depois, deu uma entrevista ao programa de televisão de Hebe Camargo.

"E então, Dercy, quando teremos uma biografia sua?", perguntou Hebe.

"Sei lá! Convidei o tal do Ruy Castro", respondeu Dercy, "mas ele só gosta de morto!"

Dercy só morreria em 2008, aos 103 anos. Se eu a tivesse biografado em 1993, sabe-se lá o que não teria aprontado nos quinze anos que ainda viveria — e nos quais não ficou quieta nem por um segundo. Poderia ter pulado de asa-delta da Pedra da Gávea, quebrado a banca no bingo clandestino de Copacabana a que ia todas as noites ou se casado com dom Helder Camara. E nada disso teria saído no livro.

Divas do cinema, do teatro e da televisão, estrelas da música popular, políticos, cartunistas, atletas, estilistas, um tubarão dos supermercados, outro do ensino, dois banqueiros e um ministro do Supremo já me procuraram, em pessoa ou por terceiros, solicitando meus serviços de biógrafo. As famílias de Ary Barroso, Ayrton Senna, Carlos Lacerda, Chacrinha, Grande Othelo, Guimarães Rosa, Jorge Amado, Sergio Porto, Tom Jobim e Vinicius de Moraes também me honraram com convites para que escrevesse a biografia de seus ilustres. Por uma questão de princípio, recusei todos. Eram encomendas.

Supondo que eu tivesse aceitado, elas teriam sido biografias "autorizadas". É uma expressão que surge com facilidade em conversas sobre biografia, mas só as pessoas do ramo sabem o que quer dizer e das exigências contidas em tal "autorização". O nome parece inocente, mas a biografia autorizada é uma camisa de força para o biógrafo. Eis como funciona.

Para começar, as duas partes, o biógrafo e o biografado, devem se submeter a certas condições regulamentares. Ao "autorizar" a sua biografia, o biografado ou seus herdeiros se comprometem a colaborar com o biógrafo, dando-lhe acesso ao máximo de informações, documentos, fotografias e objetos pessoais, além de indicar-

-lhe seus amigos e conhecidos a serem entrevistados. Parece formidável — de que mais um biógrafo precisa para trabalhar? Na prática, essa colaboração é o beijo da morte. Ela dá ao biografado o poder de filtrar as informações ou fontes que fornecerá ao biógrafo antes mesmo de o trabalho começar, filtro esse que se prolongará por toda a duração do processo. Suponha, por exemplo, que um ou mais daqueles entrevistados não goste de certas perguntas sobre o biografado. Se este ficar sabendo, pode acusar o biógrafo de estar xeretando o que não é de sua conta e cancelar o acordo. E essas perguntas nem precisam ser capciosas.

Um possível caso do gênero aconteceu, também em 1993, quando um dos últimos portadores importantes do nome Guinle me propôs contar em livro a saga de sua família — desde a primeira genuflexão de Pierre Guinle, camareiro-mor de Filipe IV, o Belo, rei da França no século XIII, até a mais recente *flûte* de champanhe servida pelo querido Jorge Guinle a uma estrela de Hollywood na pérgula do Copacabana Palace. O projeto era irresistível, e eu próprio, fã dos Guinle e amigo de Jorginho, tivera essa ideia poucas semanas antes. Mas, agora, vinda de um deles, a ideia deixava de ser minha e se tornava uma encomenda, sujeita a interferências. Apesar de ouvir a promessa de que teria liberdade total para apurar e escrever, recusei. Uma biografia encomendada pode ser sustada a qualquer momento por quem a contratou.

Tão desagradável quanto o risco de morte súbita que paira sobre uma biografia autorizada é o cativeiro imposto ao biógrafo que trabalha nesse regime. Como se não fosse suficiente o controle garantido pela autorização, o poder do biografado se estende até depois de o biógrafo pensar que pingou o ponto-final no livro — porque, nesse caso, não é ele que pinga o ponto-final. Terminada a redação da obra, ele é obrigado a submeter o texto ao biografado ou aos advogados deste, para que eles verifiquem as possíveis imprecisões ou "impropriedades" cometidas pelo biógrafo.

Na verdade, isso é uma censura com pente-fino. Digamos que, um dia, ainda de calças curtas, o biografado tenha assaltado a bolsa da mãe para comprar os "catecismos" pornográficos de Carlos Zéfiro que o jornaleiro da esquina vendia por baixo do balcão. Essa informação fora passada de forma carinhosa e irreverente por uma fonte ao biógrafo, e este, naturalmente, a pusera no livro. Mas, ao ler isso, o biografado rugiu: "De jeito nenhum! Não há hipótese de essa história sair no livro!". Não por ele ter usado o dinheiro para comprar gibis de sacanagem — se o tivesse usado para comprar balas no botequim, daria na mesma. O problema estava no fato de que, em criança, ele assaltara a bolsa da mãe — e quem pode garantir que, ao constar do livro, tal informação não seria usada contra ele pelos que já o tinham como ladrão e corrupto? Poderiam escrever: "Estão vendo? Já começou roubando a mãe!". Por causa de histórias como essa, o original de uma biografia autorizada só é liberado para publicação depois de feitas todas as cirurgias exigidas.

E, assim, resta a questão: quando se trata de uma biografia autorizada, quem deve assinar o livro? Alguns biógrafos insistem em ter o seu nome na capa, não importa quão humilhante tenha sido o trabalho. Na minha opinião, isso é um erro. Se foi lida, relida e previamente "corrigida" pelo biografado antes da publicação, só um nome deveria aparecer com destaque como autor: o do próprio biografado. Afinal, o livro não é apenas sobre ele. É *dele* e deveria até ter sido escrito em primeira pessoa. Com seu poder de aprovar ou não — *autorizar* — o que vai ali publicado, o biografado é que é o verdadeiro autor. O suposto biógrafo foi apenas o seu ghost-writer e deveria contentar-se com o nome em corpo menor sob o do biografado.

Veja bem, não há nada de mau em escrever uma biografia autorizada. Só não será exatamente uma biografia. Terá mais a ver com uma hagiografia, como são chamadas as biografias dos santos. Algumas das melhores foram reunidas há muitos anos num livro que se tornou um best-seller — a Bíblia.

Como, na minha opinião, uma biografia autorizada deveria ser assinada pelo biografado e não pelo biógrafo, é como se ela fosse uma autobiografia. Em comparação com ela, a assim chamada autobiografia será até mais honesta, por ter sido, em tese, escrita pelo próprio sujeito. Só em tese, claro, porque, na prática, poucos amadores têm condições de escrever sobre a própria vida. Saberão estruturar uma narrativa com começo, meio e fim, descer aos particulares sem perder a noção do geral e entregar ao leitor um livro satisfatório ou capaz de ser lido com prazer? Significa que, mesmo que sem referência a um escritor profissional, na capa ou no miolo, é quase certo que alguém de fora — ou de dentro, como um funcionário anônimo da editora — interferiu na redação do livro.

E há casos em que essa interferência externa é tão escandalosa que somente o ghost-writer deveria assinar, porque o livro é integralmente dele. Um exemplo é *Lady Sings the Blues*, a "autobiografia" de Billie Holiday. É um dos livros mais populares do jazz — desde sua publicação em Nova York, em 1956, nunca saiu de circulação e foi filmado, em 1972, com Diana Ross. Na capa, o nome de Billie vem em corpo grande, acima do título, e, quase perdido em algum canto do layout, o de William Dufty, jazzista amador, ghost-writer profissional e verdadeiro autor da obra. Só Dufty seria capaz de ter criado as sensacionais duas primeiras linhas do livro, que levaram muita gente, inclusive eu, a comprá-lo: "Mamãe e papai eram muito jovens quando se casaram. Ele tinha dezoito anos, ela, dezesseis, e eu, três".

É um começo tão chocante que, ao lê-lo, nos perguntamos: quer dizer que, quando Billie Holiday nasceu, seu pai tinha quinze anos e sua mãe, treze? Isso explica por que ela cantava daquela maneira tão sofrida!

Na vida real, não foi nem parecido. Quando Billie nasceu, em fevereiro de 1915, em Baltimore, no estado de Maryland, seu pai, Clarence Holiday, tinha dezesseis anos, e sua mãe, Sadie Fagan, dezenove. Também não é verdade que se casaram quando Billie tinha três anos. Eles nunca se casaram; nem mesmo viveram juntos.

Clarence casou-se, sim, mas aos 24 anos, em 1923, e com outra mulher. E Billie — Eleonore Fagan em sua certidão de nascimento — só tem Holiday no sobrenome porque decidiu assim. Clarence nunca a registrou como filha dele.

Como se pode garantir tudo isso? Porque, ao contrário de Dufty, que preferiu usar a imaginação, os vários biógrafos seguintes de Billie gastaram a sola do sapato. Falaram com centenas de pessoas, foram aos cartórios de Baltimore e levantaram as certidões de nascimento, casamento e residência de todos os envolvidos. Mas justiça se faça a Billie: referia-se à sua "autobiografia" dando gargalhadas e se gabava de nunca tê-la lido.

Dufty não ficaria por aí. Em 1965, ele conheceu Gloria Swanson, rainha do cinema dos anos 20 e estrela do filme *Crepúsculo dos deuses* (1950), de Billy Wilder. Dufty e Gloria começaram uma relação que, em 1976, culminou em casamento — ele, aos sessenta anos; ela, aos 77. Gloria, que aderia a qualquer exotismo que lhe apresentassem, de discos voadores a transmigração de almas, era fanaticamente contra o açúcar. Não o usava desde o tempo em que as câmeras ainda tinham manivela. Ela convenceu Dufty dos males do produto — ou Dufty se deixou "convencer", e isso rendeu a ele outro livro de gigantesco sucesso, *Sugar Blues* (1975), um libelo contra o açúcar. Por causa dele, milhões de pessoas nunca mais adoçaram um cafezinho nem sucumbiram a uma banana split.

Dufty era um homem do jazz. O título desse livro era inspirado em "Sugar Blues", tema composto em 1931 por Clarence Johnson e Lucy Fletcher, cuja gravação pelo trompetista Clyde McCoy naquele ano eternizou a surdina wah-wah. Dufty era bom para inventar títulos de livros, mas o que entendia de medicina e alimentação? *Sugar Blues*, costurado com competência jornalística, era uma história social do açúcar e da escravidão, envolvendo piratas do Caribe, guerras napoleônicas e caravanas de camelos no deserto. Em certo momento do livro, num lance de tremenda ousadia, ele promove o açúcar à mesma categoria da heroína entre as drogas mais letais do planeta. E, baseado em obscuros especialistas, não se limita a botar o diabetes, a obesidade e as cáries dentárias na conta do açúcar. Inclui também a esquizofrenia, a tuberculose, a peste bubônica, a epilepsia, a úlcera, o alcoolismo, o divórcio, a calvície e a impotência. E por que Dufty podia afirmar tudo isso e sobreviver aos ataques dos médicos, dos nutricionistas e dos plantadores de cana? Porque ele tinha Gloria Swanson. Às vésperas dos oitenta anos, ela ainda exibia as feições de uma bela mulher de cinquenta e atribuía isso à sua vida sem açúcar — nenhuma referência à legião de esteticistas, maquiadores e cirurgiões que, durante décadas, trabalharam diariamente em seu rosto, congelando-o naquela beleza eterna. Gloria estrelou a campanha de lançamento do livro, em 1975, deu entrevistas a jornais e televisões e viajou com Dufty para as noites de autógrafos por todos os Estados Unidos. *Sugar Blues* vendeu 1,6 milhão de exemplares na edição americana, outros tantos em dezenas de países e levou à falência vários canaviais ao redor do mundo.

Culminando sua carreira, Dufty publicou em 1980 a "autobiografia" de Gloria, *Swanson on Swanson*, assinada só por ela. Modestamente, o nome dele não está na capa. Só aparece numa página interna, no fim do livro, e mesmo assim num singelo agradecimento a si mesmo pela "ajuda na pesquisa e na preparação do material mais antigo". Por "material mais antigo" queria dizer os tempos de Gloria no cinema mudo, que ocupam 99% do livro. Na verdade, Dufty já não precisava dividir o crédito com ninguém, porque *Sugar Blues*, naquele momento, continuava na lista de mais vendidos do *New York Times*.

Gloria morreu em 1983, e Dufty entregou-se finalmente aos prazeres da, sem trocadilho, doce vida. Posso quase garantir que, dali em diante e até sua própria morte, em 2002, se deliciou com todos os sundaes e milk-shakes que nunca se atreveu a tomar na frente de Gloria.

E você, claro, já ouviu falar de *A autobiografia de Alice B. Toklas*, de 1933, de Gertrude Stein. É um clássico do chamado modernismo literário e, como outros modernismos, mais uma brincadeira do que para ser levado a sério. Afinal, como poderia ser a autobiografia de Alice se era assinada por Gertrude? Mas é isso mesmo, e tem sua lógica. Ao contar sua história pela voz de sua companheira, Gertrude se pôs na terceira pessoa, o que lhe deu liberdade para, bem ao seu estilo, não ficar fora do primeiro plano nem por uma linha. O engraçado é que "Alice" se refere a ela não com a intimidade com que a tratou nos mais de quarenta anos em que viveram juntas — simplesmente Gertrude, claro —, mas por nome e sobrenome: Gertrude Stein. A uma média de quatro ou cinco citações por página, "Gertrude Stein", como num busto ou estátua de si mesma, surge nominalmente no livro milhares de vezes.

Uma das vantagens de fazer de outra pessoa a narradora é que a autora — Alice, digo, Gertrude — se sente à vontade para escrever coisas como esta: "Devo dizer que só três vezes na vida conheci um gênio e, a cada vez, um sino tocava dentro de mim e eu não estava enganada, e devo dizer que, nos três casos, isso aconteceu antes que houvesse um reconhecimento geral da genialidade deles. Os três gênios a que me refiro são Gertrude Stein, Pablo Picasso e Alfred North Whitehead".

Picasso todos conhecem. Whitehead (1861-1947) foi um importante lógico, filósofo e matemático britânico. Bondade de Gertrude tê-lo colocado ao lado dela nessa lista.

Mas, "autobiografias" e biografias autorizadas à parte, há casos específicos em que se pode fazer um livro por encomenda sem que esta nos reduza a uma prestação de serviços. Descobri isso no início dos anos 2000, ao ser convidado pela editora inglesa Bloomsbury a participar de uma coleção internacional intitulada O Escritor e a Cidade, composta de livros sobre certas cidades — Paris, Nova York, Londres, Florença, Havana, Sydney, Cairo —, cada qual na visão de um escritor identificado com ela. A minha seria, naturalmente, o Rio. Mas o que me fez aceitar de pronto foi a garantia de liberdade total. Eu poderia fazer uma ficção, uma memória, uma reconstituição histórica, até um poema épico, o que quisesse — e soubesse. Era irresistível. Além do mais, "o Rio" é um conceito muito amplo, e não haveria a menor chance de acontecer uma pressão para que eu escrevesse isto ou aquilo.

O resultado foi *Carnaval no fogo*, cobrindo num voo de pássaro os quinhentos anos da cidade desde Américo Vespúcio, com um texto voltado para o olhar estrangeiro, mas de ângulos que pudessem surpreender até o público interno. Atirei-me ao livro e só no final percebi que aquele passeio pelo tempo e pelo espaço era uma crônica gigante, com todas as liberdades da crônica — estilo relaxado, uso eventual da primeira pessoa, certa intimidade com o leitor. Daí o subtítulo: *Crônica de uma cidade excitante demais*.

*Carnaval no fogo* é um livro de que me orgulho porque, enquanto o escrevia, o Rio vivia um período difícil. Os traficantes estavam chegando a níveis absurdos de atrevimento contra a polícia, contra a população e uns contra os outros, o que significava assaltos, balas perdidas e fechamento do comércio. Era como se eu estivesse flanando pelo passado enquanto o presente parecia em chamas. E, então, deu-me o estalo. Escrever era um gesto de resistência e, principalmente, de fé, porque eu sabia que, como de outras vezes, o Rio daria a volta por cima. E isso aconteceu. Dali a pouco o crime arrefeceu. A Lapa, tida como morta desde muito tempo e que eu descrevia como começando a renascer, acabaria se tornando uma grande atração da noite carioca. O Cristo Redentor seria eleito Patrimônio da Humanidade. A cidade conheceria profundas cirurgias arquitetônicas e, com ou sem as trampolinagens dos governantes, abrigaria muito bem a Copa do Mundo e as Olimpíadas. Haveria incríveis surtos de prosperidade, seguidos de outros de depressão, falência, denúncias de corrupção e prisão de governadores, numa gangorra de altos e baixos a que o carioca já se habituou.

E então constatei que, no Rio, desde Estácio de Sá, morto em 1567 com uma flecha perdida no rosto, sempre foi assim. O carioca faz festa sobre brasas. Vive um eterno Carnaval no fogo.

Embora o biógrafo trabalhe com a memória alheia, e não com a própria, é conveniente que tenha uma mínima vivência do universo que se dispôs a explorar. Não é obrigatório que ele já tenha tomado cafezinho com seu biografado — como, por acaso, tomei com Nelson Rodrigues —, nem mesmo ter sido seu contemporâneo, mas deve partir de alguma familiaridade com o assunto. Pode-se muito bem biografar Beethoven, morto há quase duzentos anos, desde que, ao começar o trabalho, já se tenha uma experiência básica com sua música, com a música de seu tempo e com esse próprio tempo. No caso de Nelson, era indispensável um conhecimento mínimo sobre o teatro brasileiro, o mundo do futebol e rudimentos da evolução política do país, tudo isso antes de penetrarmos na investigação sobre o personagem. Não será recomendável que eu me aventure a biografar Beethoven se passo o ano ouvindo apenas Zeca Pagodinho. Ou o contrário, naturalmente.

Minha insistência nessa base de conhecimento é apenas prática — ela permite poupar tempo. Basta se perguntar: quanto tempo levarei para dominar tudo o que se sabe sobre o biografado até que eu me sinta autorizado a partir para a investigação do que possivelmente não se sabe?

Vamos tomar como exemplo meu primeiro livro, *Chega de saudade*. Tendo nascido em 1948, e já lendo os jornais do Rio desde 1953, os anos 50 sempre tiveram para mim o aconchego de um útero materno. Meu pai assinava o *Correio da Manhã* e *O Jornal* e quase todo dia trazia da rua a *Última Hora*. Ao lê-los, eu me sentia parte do mundo. Poucas famílias tinham televisão. A minha não tinha e não fazia diferença, porque onde quer que se estivesse havia um rádio ligado. Ia-se também muito ao cinema. Mas mesmo os noticiários de rádio, como o *Repórter Esso* ou *O Globo no Ar*, ou os cinejornais, como o *Fox Movietone*, as *Atualidades Francesas* ou as *Atualidades Atlântida*, eram, no fundo, baseados na palavra. Era pela palavra que se ingressava no mundo.

Sinto certo estranhamento ao constatar que, hoje, sou tão contemporâneo de Joe Biden, Gabigol e Anitta quanto de um passado

51

que está agora nos livros de História: a morte de Francisco Alves, em 1952; o estouro de Marilyn Monroe, cujos cílios, boca e coxas pareciam tomar todas as revistas de 1953; o suicídio de Getulio, em 1954; a morte de Carmen Miranda, em 1955; a capa do semanário *Maquis* com um close de JK às gargalhadas e a manchete "O maior ladrão de 1957"; a Copa do Mundo de 1958, que o Brasil ganhou; os capítulos diários de "Asfalto selvagem", de Nelson Rodrigues, na *Última Hora*, em 1959. E, na passagem para a nova década, o surgimento de uma expressão que já se usava para designar qualquer novidade e que ganhou, de súbito, novo significado: Bossa Nova. Eu tinha ou não de fazer livros passados naquela época, como os sobre a Bossa Nova, Nelson Rodrigues, Garrincha, Carmen Miranda?

Claro que isso não é indispensável. Alguém que tenha nascido na década de 80, mas cujo fascínio pelos anos 50 lhe garanta certa cultura do período, estará autorizado a mergulhar naquele universo. Foi o que aconteceu comigo quando, nascido em fins dos anos 40, me aventurei pelos anos de 1910 e 1920, pano de fundo de boa parte dos livros sobre Nelson e Carmen e de todo o *Metrópole à beira-mar*.

O trabalho numa biografia é tão abrangente e exaustivo que, se for possível cortar alguns caminhos, deve-se fazê-lo. Um deles, o cenário da história. As pessoas me perguntam: "Por que todos os seus livros se passam no Rio?". Respondo: "Pelo mesmo motivo por que os de Balzac se passam em Paris, os de Jorge Amado na Bahia e os de William Faulkner em Yoknapatawpha — porque eles preferiam lidar com cenários que conheciam bem". Eu também prefiro. Uma biografia que se passasse no Rio Grande do Sul ou no Rio Grande do Norte seria mais difícil para mim — eu teria primeiro de me entrosar com o ambiente, o clima, as esquinas, a história do lugar. Mesmo em São Paulo, onde morei de 1979 a 1996, seria difícil, pois não conheço tão bem o espírito de determinados bairros — deve haver diferenças entre o Brás, o Bixiga e a Barra Funda que um paulistano já saberá ao nascer, mas que, para mim, exigirão um aprendizado. O mesmo que, no Rio, quanto à Saúde, à Gamboa e ao Santo Cristo para um paulistano.

Há casos de biógrafos ou historiadores nascidos alhures que *adotaram* certas cidades e se apossaram de seus cenários e personagens como talvez nem um nativo fosse capaz. O americano (de Michigan) Richard Ellmann (1917-87) dedicou-se aos grandes irlandeses, como James Joyce, Oscar Wilde e William Butler Yeats, sobre os quais escreveu biografias nunca superadas. Outro americano, o nova-iorquino Robert Darnton (n. 1939), tornou-se a maior autoridade mundial na Paris pré-revolucionária (1769-89), sobre a qual escreveu livros magníficos. E o cearense R. [Raimundo] Magalhães Jr. (1907-81), com quem trabalhei de 1970 a 1972 na Redação da *Manchete*, fez um impressionante levantamento do Rio da Primeira República com suas biografias de Machado de Assis, Arthur Azevedo, José do Patrocínio, Augusto dos Anjos, Olavo Bilac, Patrocínio Filho, João do Rio e Ruy Barbosa. As ruas do Centro da cidade, verdadeiras artérias da história do Brasil, lhe eram uma segunda natureza — Magalhães as conhecia de palmilhá-las em pessoa desde 1927, quando veio morar aqui.

Modestamente, o Rio também é minha segunda pele, e muitas de suas esquinas equivalem aos ligamentos de meus ossos. Uma delas, a das ruas Barão do Flamengo e Paissandu, onde passei boa parte da infância. Minha primeira lembrança dos Arcos da Lapa, de mãos dadas com meu pai e ainda de calças curtas, é a de uma mulher de vestido azul, debaixo dos Arcos, bem cedo de manhã, fazendo xixi em pé. Andei sozinho em criança pelo Catete, fui à praia do Flamengo ainda no tempo da amurada e tomei muito o ônibus Glória-Leblon. Estudei em Botafogo, no Castelo e no largo de São Francisco. Trabalhei na Presidente Vargas, em Olaria e na avenida Brasil, visitei tias em Cascadura e Rocha Miranda e pichei ABAIXO A DITADURA com os colegas, de madrugada, em muros da Tijuca — de volta para a Zona Sul, de ônibus, as mãos sujas de piche eram a maior bandeira. Apanhado na Candelária numa passeata, fui jogado num camburão e passei uma noite no Dops, na rua da Relação.

Tive amigos em Vila Isabel, no Grajaú e na praça da Bandeira, namorei na Muda, entrevistei gente em Vaz Lobo, Bangu e Marechal Hermes e fiz do Maracanã na era Zico um segundo lar. É verdade que conheço pouco a Barra da Tijuca. Mas a culpa é dela, que cresceu muito depressa e não me esperou.

Outra questão a ser levada em conta na hora da escolha do biografado é um, digamos, organograma básico da vida dele. É preciso que sua trajetória tenha sido minimamente agitada, com picos e quedas, e não plana e estável, ainda que bem-sucedida. O biografado ideal é a celebridade que, além do sucesso e da fama, teve problemas familiares, profissionais, conjugais — um crime passional seria perfeito —, financeiros, políticos ou de saúde e se recuperou deles, ou caiu de novo e se levantou ou não. Nelson Rodrigues, Garrincha e Carmen Miranda, não por acaso, atendiam a quase todos esses requisitos. Mas nunca acreditei que Tom Jobim, uma de minhas maiores admirações, pudesse render uma boa biografia. Faltou-lhe drama em vida. Sua carreira pode ter custado a deslanchar (já passara dos trinta quando isso aconteceu), mas, a partir daí, o céu lhe deu tudo e muito mais. É possível que sua morte, em 1994, em Nova York, tenha sido um erro médico, e isso, sim, seria algo digno de investigação. Mas como biografar alguém cujo grande problema era o medo de avião ou de atrasar o aluguel?

Claro que, às vezes, as aparências enganam. Quando contei a um amigo, o escritor Marcos Santarrita, que estava começando a trabalhar numa biografia de Nelson Rodrigues, ele foi sincero:

"Para quê? Um sujeito que passou a vida atrás de uma máquina de escrever!"

Se fosse só isso, Santarrita estaria certo. Mas ele, como quase todo mundo, nem desconfiava da saraivada de dramas e tragédias na vida de Nelson e de sua família. E com razão: por mais notório que Nelson fosse como dramaturgo, cronista, folhetinista, polemista, comentarista de futebol e personalidade pública, só se sabia dele o que ele deixava que soubessem. Para minha mulher, Heloisa Seixas, que foi colega de Nelson em *O Globo* e com quem nunca trocou uma palavra, ele era um homem que ia todo dia ao jornal, batia à máquina com dois dedos e conversava com o pessoal do esporte sobre o Fluminense.

Heloisa não imaginava que a história de vida de Nelson incluísse miséria, fome, tuberculose, censura, perseguições, uma filha nascida cega, um irmão que morreu soterrado num desabamento de prédio e, embora os jornais às vezes tocassem no assunto, seu drama como pai ao visitar um filho preso e torturado pela ditadura.

Eu, por meu turno, conhecia as linhas gerais dessa trajetória porque, sem ser amigo de Nelson, me dava com alguns de seus mais íntimos, como os jornalistas José Lino Grünewald, Pedro do Coutto e Hans Henningsen (o Marinheiro Sueco, como Nelson o chamava). Isso bastara para que me apaixonasse pela ideia de biografá-lo. Sabia que Nelson Rodrigues estava longe de ter levado a vida atrás de uma máquina de escrever.

Muitas pessoas desconhecidas e de vida aparentemente corriqueira podem ter uma história capaz de render uma boa biografia. O importante é que sua história comporte certo valor universal, capaz de interessar a um grupo grande de pessoas. A centenária revista americana *Reader's Digest*, conhecida no Brasil como *Seleções*, manteve durante décadas uma seção intitulada "Meu tipo inesquecível" — um perfil de uma pessoa já falecida, assinado por alguém que a conhecera e agora a revelava para nós. E o que ele revelava? Uma pessoa comum, mas que vivera um ou mais episódios incomuns — de aventura, coragem, superação, heroísmo pessoal, bravura diante de uma doença etc.

Trabalhei em *Seleções* durante quase três anos, editei vários artigos americanos dessa série e percebi o fascínio que despertavam nos leitores. Eram o que chamávamos de matérias de "interesse humano", capazes de emocionar e servir de exemplo e inspiração. O grande desafio era fazer com que não resvalassem para a pieguice. Para isso, o controle do texto era rigoroso. Mesmo que escrito pelo amigo do personagem, estava sujeito a ajustes da Redação. Na maioria dos casos, no entanto, o dito amigo apenas contava oralmente a história para um redator da revista, que era quem efetivamente a escrevia.

Você dirá que, por mais interessante a vida desse "tipo inesquecível", ela não renderá mais do que um texto de revista, e quase sempre terá razão. Mas, nos Estados Unidos, onde o mercado é receptivo ao gênero, alguns "tipos inesquecíveis" foram ampliados para as dimensões de um livro e se tornaram best-sellers. Curta ou longa, os americanos nunca jogam fora uma boa história.

Muitos biógrafos e historiadores se especializam em determinado assunto. Há os que se dedicam à dinastia dos Bragança, outros às grandes mulheres do país e ainda outros ao futebol, à música popular ou à ditadura militar. Quanto a mim, prefiro a variedade, e mais uma vez *Chega de saudade* será usado como exemplo.

Até 1990, nenhum livro sobre a música popular brasileira, de qualquer gênero, tinha atingido mais do que certo público especializado. Eram livros sérios, escritos em semiologuês, ou modestas monografias, mais de fãs do que de pesquisadores, lançados por pequenas editoras ou por órgãos oficiais do Estado. Daí suas tiragens de 2 mil exemplares ou menos e que, mesmo assim, levavam anos para esgotar.

*Chega de saudade* era diferente. Contava uma história. Não apenas a história de um movimento que mudara a música popular, mas a dos rapazes e moças que o tinham feito. A ênfase estava no lado humano e pessoal, tendo o lado artístico e intelectual como pano de fundo. E era uma história de jovens, modernos, talentosos e atrevidos numa época fascinante do Brasil. Com exceção de Tom Jobim e Ronaldo Bôscoli, que já tinham trinta anos quando a Bossa Nova começou, e de Vinicius de Moraes, um quase ancião aos 45, todos os outros estavam por volta dos vinte anos (Nara Leão não passava de dezesseis). Além disso, *Chega de saudade* era todo à base de informações — havia sempre alguma coisa acontecendo ao redor do banquinho e do violão. Vendeu 15 mil exemplares logo nos primeiros quinze dias, rendeu primeiras páginas de jornais e fez com que, em pouco tempo, a Bossa Nova voltasse às rádios, às lojas de discos e ao coração das pessoas.

O livro foi de tal forma uma explosão que logo começaram a me perguntar:

"E aí, qual vai ser o próximo? Sobre a Jovem Guarda? O Tropicalismo?"

Eram perguntas compreensíveis, mas baseadas em hipóteses que nunca sequer considerei — porque, para falar daqueles gêneros, teria que passar de novo pela Bossa Nova, de que eles foram, de certa forma, antípodas. Além disso, antes mesmo de entregar o original de *Chega de saudade* à editora, em meados de 1990, eu já decidira que, assim que o livro saísse, iria mergulhar num universo totalmente diferente: a biografia de Nelson Rodrigues.

Da mesma forma, assim que saiu o livro sobre Nelson, em novembro de 1992, perguntaram-me se meu próximo biografado seria Sergio Porto ou Antonio Maria. Se fossem, não seria má ideia, porque eram dois personagens fascinantes. Mas, por mais que os admirasse, para mim isso seria também voltar a um caminho já repisado. Sergio Porto e Antonio Maria tinham muitos pontos em comum com Nelson Rodrigues — mesma cidade, mesma época, mesma profissão, quase os mesmos amigos e inimigos, até o mesmo jornal. Eu respondia:

"Não. Vou escrever sobre um jogador de futebol."

E dali a três anos saiu *Estrela solitária*, a biografia de Garrincha — a qual motivou instantaneamente a pergunta: "E agora, será a do Pelé?".

Acho importante variar porque, ao se trabalhar numa biografia ou na reconstituição de um lugar ou época, o grau de entrega, empenho e dedicação deve ser total. O biógrafo abdica de sua vida pessoal e se muda para a do biografado. E é um processo de obsessão cumulativo: depois de algum tempo de investigação, até o biógrafo se sente um chato. Para ele, só o biografado existe, só o biografado interessa. Qualquer outro tipo de trabalho ou ocupação, mesmo que para pagar as contas, torna-se intolerável. Mas isso tem um limite. É um trabalho que precisa ter prazo para terminar. Li em algum lugar que um biógrafo argentino levou trinta anos — trinta! — para concluir seu livro sobre Jorge Luis Borges. E, mesmo assim, o que saiu era apenas o primeiro volume. Tudo bem, Borges teve mesmo uma vida e tanto, mas que reconstituição monstruosa é essa? Que grau de detalhismo exige tanto tempo e espaço? O autor terá descrito em minúcias todas as vezes que Borges foi lá dentro para fazer pipi? E, com tantos anos de convivência com o personagem, como impedir não apenas o cansaço, o ranço, o bolor das informações, mas a falta de perspectiva sobre a importância de uma passagem ou outra?

Eu também me entrego de maneira neurótica ao meu personagem. Só que há um momento em que tenho de despedir-me dele, entregá-lo aos leitores e partir, revigorado, para uma nova expedição, um novo cenário, uma nova especialidade.

Não sei como se dá com os colegas, mas, para mim, a escolha de um biografado ou tema é quase sempre uma questão de estalo. É como se o nome ou a palavra me viesse de repente e se impusesse de forma incontornável. Quero dizer que a decisão não advém de um raciocínio organizado acerca de um assunto sobre o qual eu escolhesse escrever, mas, exatamente, de um estalo — como se o biografado ou o tema é que me escolhesse. Foi assim com a Bossa Nova, Nelson Rodrigues, Ipanema, Carmen Miranda, o samba-canção e o Rio dos anos 20. A única exceção, e não de todo excepcional, foi Garrincha — falo mais a respeito adiante.

Não há nisso nada de esotérico ou inexplicável. Na verdade, o estalo me vem porque se trata de um personagem ou assunto com o qual, sem saber, eu já tinha uma intimidade de anos — o que também explicarei melhor daqui a pouco. A prova é que, quando a ideia me ocorre, eu invariavelmente me pergunto: "Por que não pensei nisso antes?".

Vamos começar de novo por *Chega de saudade*. Em março de 1988, ainda trabalhando em São Paulo, vim ao Rio pela *Playboy* para entrevistar Tom Jobim. A *Playboy* publicava então as melhores entrevistas da imprensa brasileira. Nenhuma outra exigia tanto tempo de preparação, execução e edição. Da ideia de fazê-la, geralmente numa reunião de pauta, à chegada da revista às bancas podiam passar-se meses.

Veja como funcionava. Definidos pela revista o entrevistado e o entrevistador, este se entregava à pesquisa sobre o entrevistado — à leitura de todos os artigos, reportagens, notícias e entrevistas anteriores que pudesse encontrar. Mas esse trabalho não se destinava a produzir perguntas para que ele repetisse o que já havia respondido em entrevistas anteriores. Ao contrário. Aprendido o grosso do que se sabia sobre o personagem em questão, ia-se em busca de ângulos novos, coisas que nunca lhe tinham sido perguntadas ou que ele nunca respondera de maneira satisfatória. Fazia-se também um trabalho por fora, para colher informações menos óbvias, vindas de pessoas do círculo mais íntimo do entrevistado. De tudo isso resultava uma pauta com centenas de perguntas, a serem aplicadas pelo repórter em quantas sessões de entrevista fossem necessárias — condição a que o entrevistado devia se submeter, ou não haveria entrevista. Essas sessões podiam gerar oito horas ou mais de fita cassete, as quais eram "tiradas do gravador" (*Playboy* tinha uma funcionária para isso) e produziam uma montanha de laudas datilografadas — ainda estávamos em pleno reinado das Remingtons, lembre-se. Eram o retrato bruto da esgrima de sabe-se lá quantas perguntas e respostas trocadas entre o repórter e o entrevistado. Depois de aparadas, ajustadas e postas em ordem — editadas —, elas se convertiam na entrevista fluente, reveladora, irresistível, ocupando às vezes vinte ou mais páginas da *Playboy*, que chegava às mãos do leitor.

Um dos segredos desse processo era a edição. O leitor tinha a impressão de uma conversa ágil entre duas pessoas adultas e articuladas, em que um assunto levava a outro com naturalidade. E o que acontecia na entrevista era isso mesmo — se o repórter soubesse conduzi-la.

A melhor entrevista era a que começava a ser editada antes mesmo de sua aplicação, com as perguntas já numa ordem próxima do formato final. Claro que, durante a esgrima verbal, o repórter se via diante das esquivas, negativas, respostas atravessadas e tentativas de fuga de certas questões por parte do entrevistado — daí a importância de uma pauta bem amarrada, para que o entrevistador mantivesse o controle. Não era um engessamento, mas um roteiro de trabalho.

Nenhuma pergunta podia ser abandonada. Se o entrevistado conseguisse driblar uma delas em determinado momento, o repórter tomava nota para refazê-la mais tarde, com outra formulação. De forma alguma ela podia ser deixada de lado. Respostas dadas em momentos diferentes da entrevista, mas que pertenciam ao mesmo assunto, eram agrupadas na edição de modo a esgotar aquele tema. Os risos e as pausas eram mantidos, mas certos tiques de linguagem, como coloquialismos, redundâncias, gírias e palavrões em excesso, eram podados, desde que não desfigurassem a dicção peculiar da pessoa. Vários de meus entrevistados para a *Playboy* tinham essa dicção peculiar — Tim Maia, Danuza Leão, Eduardo Mascarenhas, Ziraldo, Clodovil, Jorge Guinle, Erasmo Carlos — e nenhum deixou de reconhecer a própria voz ao se ler na revista.

Às vezes, com a entrevista quase pronta, já em fase de edição, Mario Escobar de Andrade, o diretor da revista, podia achar insatisfatórias algumas respostas. Nesse caso, pedia ao repórter responsável — ou a outro que ele escolhesse — que voltasse ao entrevistado para uma nova rodada de perguntas.

Foi o que me levou ao Rio para falar com Tom: a complementação de uma entrevista que outro repórter fizera com ele meses antes, em Nova York, e que Mario considerara incompleta naqueles quesitos indispensáveis para a revista — as peripécias amorosas do maestro, onde, como, quando, quantas vezes e com quem ele fora para a horizontal. Tom estava longe de ser um santo, mas era discreto e nunca havia falado de sua vida pessoal. Ao saber que ele chegara de Nova York e passaria os meses seguintes no Rio, Mario me pediu que viesse arrancar-lhe as ditas informações. Por algum motivo, em sua opinião, eu, então colaborador da revista, era o homem para a tarefa.

Talvez porque, tendo trabalhado sob sua direção na *Playboy* como repórter especial, de 1979 a 1982, já tivesse feito cerca de vinte entrevistas para a revista e soubesse o tipo de preparação necessário para certos entrevistados. Uma tática era tornar a primeira sessão um papo ameno e cordial, com perguntas que o entrevistado gostasse de responder, e só na segunda deixar que as questões mais delicadas surgissem "espontaneamente". Assim, na primeira rodada com Tom para a *Playboy*, concentrei-me em perguntas sobre um assunto que, naquela época, não parecia interessar a ninguém, mas que eu imaginava que lhe calasse fundo: a Bossa Nova. Pena que, como eu sabia — mas ele não —, essas respostas não fossem entrar na edição final.

Exceto o lundu e o maxixe, nenhuma música estava mais fora de moda no Brasil em 1988 do que a Bossa Nova. Parecia quase extinta — gravadoras, lojas de discos, DJs, emissoras de rádio e de TV, cantores, músicos, arranjadores, produtores de shows, críticos e jornalistas, ninguém sequer pensava nela. E vinha sendo assim pelos vinte anos anteriores, dominados sucessivamente pelo iê-iê--iê, a "MPB", o Tropicalismo, os festivais da canção, o "som universal", o rock rural, a música nordestina, as canções de protesto, o sambão, a discoteca, o brega, o "cáuntri", o soul, a juvenília tipo Blitz e, por fim e para culminar seu sepultamento, os grupos de rock pesado. A Bossa Nova, para os poucos que ainda se lembravam dela, já nem era mais a música. Reduzira-se a um folclore sobre João Gilberto (como a sovada lenda sobre seu gato que pulara do décimo andar por não aguentar ouvi-lo cantar "O pato") e à nostalgia de coroas tomando uísque num restaurante com suas secretárias e se lamuriando por uma Ipanema perdida — enfim, tudo que podia haver de mais arcaico. E ninguém, nem seus antigos praticantes, se dizia mais "da Bossa Nova". Cantoras como Claudette Soares, Wanda Sá e Miúcha, apesar de tão jovens, tinham praticamente encerrado a carreira. O grupo vocal Os Cariocas se aposentara. Luizinho Eça, recuando trinta anos no tempo, voltara a ser pianista da madrugada, e Milton Banana, criador da batida da Bossa Nova na bateria, tocava às vezes num prostíbulo em Copacabana. Ronaldo Bôscoli reduzira-se à humilhante condição de funcionário de Roberto Carlos — em dupla com Miele, escrevia e dirigia os shows de fim de ano do cantor, o qual nunca teve a gentileza de incluir uma canção de Bôscoli no repertório. João Donato voltara para o Rio depois de décadas em Los Angeles e vivia como arranjador. João Gilberto também já estava de volta, mas se trancara num apart-hotel no Leblon e ninguém o via. Roberto Menescal tornara-se diretor artístico da Polygram e só cuidava da carreira dos outros — nem violão tinha em casa. E Baden Powell, Marcos Valle, Eumir Deodato e muitos outros passavam mais tempo no exterior do que aqui. Sem falar em Tom Jobim, que, quando queria gravar um disco, tinha de fazê-lo em Nova York, porque no Brasil não havia gravadoras interessadas. Elas alegavam que seus discos não vendiam — embora não deixassem de lançá--los em edição nacional depois que eles saíam nos Estados Unidos e chegavam aqui com todas as despesas pagas.

Em 1988, entrevistar Tom para a *Playboy* era algo que me tocava pessoalmente. Pelos dez anos anteriores, eu e o repórter Fernando Pessoa Ferreira insistimos com Mario Escobar de Andrade para que se fizesse essa entrevista. A resposta de Mario, empenhado em juvenilizar a revista, era invariável: "Não. Tom Jobim é rançoso". E pode parecer incrível, mas a *Playboy* não era a única publicação a não querer saber dele. Em outras Redações do Rio e de São Paulo em que eu trabalhara, como o *Jornal do Brasil* e a *IstoÉ*, o nome de Tom era recebido com o mesmo enfado e pelos mesmos motivos.

O ranço era a defesa por Tom da ecologia, do Brasil e da música brasileira. Claro que, se a *Playboy* agora queria entrevistá-lo — talvez porque Mario não tivesse melhor opção para aquele mês — e me pediam que colaborasse, eu não iria me negar. Além disso, sempre quis ouvir Tom sobre a Bossa Nova.

Em dois dias de fevereiro de 1988, em sua casa no alto do Jardim Botânico, sob o sovaco do Cristo, arranquei dele o máximo de revelações sobre sua vida íntima — não muitas, mas o suficiente para aplacar a curiosidade de Mario — e um belo material sobre a Bossa Nova, este destinado ao lixo. O que seria uma pena, porque tudo o que ele me contara sobre a música, sobre João Gilberto e sobre aquela época era novidade. Voltei para São Paulo e fui diretamente do aeroporto à *Playboy* com as fitas. Entreguei-as para a transcrição e recomendei que fossem copiadas na íntegra — na edição, eu decidiria o que deixar de fora. Mas, naquele momento, graças a um estalo, já sabia o destino do material excedente: um livro.

Eu entrevistara Tom pela primeira vez vinte anos antes, em março de 1968. A revista era a *Manchete* e passamos uma tarde inteira no Veloso, o bar em Ipanema de onde ele e Vinicius de Moraes tinham visto passar a famosa garota. Na mesma época, também pela *Manchete*, eu tinha entrevistado o próprio Vinicius, em sua casa na Gávea, e por pouco não o flagrara na banheira onde ele recebia os amigos. Dava-me muito bem com Ronaldo Bôscoli, com quem trabalhara em 1978, na TV Globo (escrevíamos um especial mensal, *Brasil Pandeiro*, estrelado por Betty Faria), e sempre que eu vinha ao Rio íamos ao Chiko's Bar, na Lagoa, para escutar Luizinho Eça, que tocava para duas ou três mesas às três da manhã. Carlos Lyra, Marcos e Paulo Sergio Valle, Luiz Carlos Vinhas, Baden Powell, Miele, Nara Leão e Sergio Ricardo eram alguns que eu também conhecia de antigas entrevistas ou de obas e olás, assim como outros sobreviventes daquela turma — repórteres, fotógrafos, amigos e até as namoradas deles.

Tinha também um contato precioso: um ex-diretor de arte do *Jornal do Brasil*, Oswaldo Carneiro, que, adolescente no começo dos anos 50, fora membro do Sinatra-Farney Fan Club, o primeiro fã--clube do Brasil. O Sinatra-Farney funcionava num porão na Tijuca, bairro em que todos moravam, e tinha como membros, entre outros, os futuros Johnny Alf, João Donato e Nora Ney. Conheci Oswaldo em 1975, quando criamos juntos a revista *Domingo*, do *Jornal do Brasil*. Quando ele falava das noites do Sinatra-Farney e de quando o próprio Dick os visitava no porão e lhes dava canjas exclusivas — incrível, havia um piano naquele porão —, era como se uma história até então nunca contada se abrisse em leque aos meus olhos.

E, mesmo tendo me mudado a trabalho para São Paulo em 1979, eu nunca ficara longe do Rio. Vindo pelo menos duas vezes por mês à cidade, conservei todos os velhos amigos e era tão frequente na Plataforma, no Helsingor e no Florentino, os restaurantes da moda, que, para muitos, eu nunca tinha saído do Rio. Essa vivência me ajudou em *Chega de saudade*. Ela me dispensava de ter de consultar mapas para descobrir o predinho onde funcionara o Sinatra--Farney ou para ir ao Villarino, na avenida Calógeras, berço da parceria Tom e Vinicius. Melhor ainda, liberava-me de formalismos ao entrevistar os grandes nomes.

De repente, a Bossa Nova se impunha para mim, lutando para sair do passado. E, para mim, isso parecia natural. Mesmo quando ninguém queria saber dela, nos anos 70, eu jamais deixara de amá--la. Ao contrário dos amigos que tinham se desfeito de seus discos, eu conservara os meus antigos LPs. Mas o principal é que nunca me contentara com nada que lera sobre ela — sabia que a história da Bossa Nova ainda estava para ser contada. Era uma história que eu queria ler, nem que para isso tivesse de escrevê-la. E decidi, desde o início, que não seria exatamente um livro apenas sobre a música, mas sobre as pessoas que a tinham feito.

Da própria Redação da *Playboy*, liguei para Luiz Schwarcz, cuja editora, a Companhia das Letras, chegara havia menos de dois anos ao mercado. Propus-lhe a ideia e, com seu instinto de editor,

Luiz topou na hora. *Chega de saudade*, já com o conceito, o formato e até o título definidos, nasceu naquele telefonema.

Dois anos e meio depois, em novembro de 1990, quando *Chega de saudade* chegou às livrarias, eu já começara a trabalhar na biografia de Nelson Rodrigues. E por que Nelson Rodrigues? Porque só então eu percebera que, de um jeito ou de outro, ele havia me acompanhado pela vida. Por sua causa, por exemplo, aprendi a ler antes dos cinco anos. Todos os dias, minha mãe lia em voz alta a coluna de Nelson, "A vida como ela é...", na *Última Hora*, deliciando-se com o jeito cômico e, no fim, trágico daquelas histórias de desejo e adultério. Sentado em seu colo, eu acompanhava a leitura, olhando para a página do jornal. Semanas depois, descobri que sabia ler os títulos das matérias à minha frente. E, quase em seguida, as próprias matérias. Foi em fins de 1952.

Não há muito de incomum nisso. Algumas crianças nascem com jeito para a música, outras para o desenho — ponha desde cedo um pincel ou um instrumento musical na mão de uma delas e ela saberá o que fazer. Quanto a mim, mal consigo desenhar uma casinha com chaminé e nunca aprendi sequer a assobiar. Mas, por sorte, há também crianças com aptidão para a palavra. Depois de exposto por algum tempo à voz de minha mãe quando ela lia aqueles símbolos impressos, vi-me de repente juntando a forma, o som e o significado deles numa coisa só. É o que acontece quando se aprende a ler. Hoje sei que é assim que as coisas se dão, mas quero crer que, quando me aconteceu, pareceu instantâneo e inexplicável. As palavras eram uma extensão dos meus olhos, minhas mãos, minha mente. E como dizem, a descoberta da linguagem — o ingresso da criança no mundo lógico, escrito, verbal — equivale a um segundo parto, posso dizer que assisti ao meu próprio parto, porque me lembro daquele momento.

Não demorou para que, de "A vida como ela é...", na *Última Hora*, eu passasse, também diariamente, à leitura das páginas de esporte do *Correio da Manhã* e de *O Jornal*. Num deles, em 1955, fiquei sabendo do lançamento de uma revista semanal sobre futebol, chamada *Manchete Esportiva*, cujo número 1 (com Rubens, do Flamengo, na capa) pedi para comprarem. Nela, descobri que o autor das histórias de "A vida como ela é..." escrevia semanalmente sobre futebol e com o mesmo estilo que eu reconhecia e já admirava. Colecionei a *Manchete Esportiva* pelos quatro anos em que ela existiu, e o resto foi consequência.

Em 1959, aos onze anos e já com um razoável cartel de leitura de Tarzans, Sherlocks e D'Artagnans em livros, vi que, além das histórias avulsas de "A vida como ela é...", Nelson começara a publicar na *Última Hora* um romance em capítulos diários, "Asfalto selvagem", sobre as peripécias de sua personagem Engraçadinha, a adolescente fatal, por quem ninguém podia deixar de se apaixonar. No futuro, ao reler *Asfalto selvagem* em livro, perguntei-me como o garoto de onze anos que eu era reagira àquele turbilhão de situações envolvendo lesbianismo, pedofilia, incesto, aborto, curra, automutilação genital (com navalha), vários tipos de crimes e uma inesquecível cena de sexo numa Jacarepaguá deserta, à noite, debaixo de chuva, com Engraçadinha e Luís Cláudio, nus, rolando na lama. A resposta era que o garoto reagira muito bem.

Já veterano em Nelson, só então fiquei sabendo que ele era também autor de teatro. E isso graças aos anúncios no jornal de uma peça intitulada *Boca de Ouro*, em cartaz num teatro do Rio. Eu não tinha idade para ver Nelson no palco (suas peças eram proibidas para menores de dezoito), mas, nos anos seguintes, não me foi difícil descobri-las em livro — como a bela edição de *Beijo no asfalto*, pela J. Ozon, em 1962, e os quatro volumes de seu *Teatro quase completo*, lançado pela Tempo Brasileiro em 1965. Em 1966, assisti no Teatro Jovem, em Botafogo, à primeiríssima montagem, por Kleber Santos, de sua peça *Álbum de família*, proibida desde 1946 e só então liberada. E, em 1967, repórter do jornal, fui contemporâneo de Nelson no *Correio da Manhã*, onde ele começara a publicar suas "memórias". Mas nunca nos cruzamos na Redação, porque ele apenas mandava entregar seu artigo.

Aconteceu que, naquele ano, Nelson ficasse amigo de José Lino Grünewald, editor do Segundo Caderno e editorialista do *Correio da Manhã* e meu mentor profissional. Fora José Lino quem me levara para o jornal, em março de 1967. Quase todos os fins de semana, naquela época, ele e sua mulher, Ecila, abriam aos amigos seu apartamento em Copacabana — reuniões a que eu era sempre convidado e das quais Nelson, quando comparecia, era a estrela. Alto e muito aprumado, Nelson assomava à porta, era recebido por José Lino e, quando o anfitrião o conduzia a um grande sofá Chesterfield preto na sala adjacente, os presentes — um deles, mais de uma vez, Paulo Francis — iam automaticamente atrás. Fossem de esquerda ou de direita, todos queriam ouvir o que Nelson teria a dizer. E ele não os desapontava. Com seu infalível pendor teatral, dirigia-se àqueles que conhecia aplicando-lhes seus bordões — "Mas isso é batata?", "É o óbvio ululante!" ou "Fulano, você vai subir pelas paredes como uma lagartixa profissional!" — e se divertindo com a reação deles. Desnecessário dizer que, aos 22 anos, em 1970, eu já me considerava realizado por estar ali como plateia, sem precisar abrir a boca.

Embora continuasse a ver Nelson pelos anos seguintes, no apartamento de José Lino ou em almoços que seus amigos lhe ofereciam (e me levavam), no restaurante O Bigode do Meu Tio, de seu filho Joffre, só conversei de verdade com ele em 1977. O motivo foi uma encomenda da hoje extinta revista paulista *Mais*, da Editora Três, que era, por acaso, minha primeira colaboração para a imprensa de São Paulo. Passei com ele toda uma tarde de sábado à mesa de um restaurante no Leme, perto de onde ele morava, e, mesmo diante de um Nelson mais velho e alquebrado, tive uma longa sensação de *déjà ouï* — como se estivesse conversando com Herculano, Edgar, Aprígio, Boca de Ouro, Amado Ribeiro, dr. Odorico, Jonas e outros de seus personagens. Nelson falava como eles. Claro, porque eles falavam como Nelson.

Tudo isso me veio à cabeça em segundos num dia de 1990, enquanto eu escrevia *Chega de saudade*. Ocorreu-me que, se o mergulho num vasto assunto, no caso a Bossa Nova, estava me dando tanto prazer, eu queria prolongá-lo, só que em outro cenário — e a ideia de uma biografia de Nelson imediatamente se materializou. A diferença era que, em vez de lidar com uma multidão de personagens, como o pessoal da Bossa Nova, eu iria me concentrar em apenas um.

Ocorreu-me também que, por diversos caminhos, eu já conhecia ou me dava com pessoas que, em algum momento, tinham sido próximas de Nelson e teriam a me contar sobre ele. Peguei papel e lápis e, apenas numa primeira lista, surgiram os nomes de, só entre os jornalistas, José Lino, Paulo Francis, Armando Nogueira, Pedro do Coutto, Hans Henningsen, Ney Bianchi, Ronaldo Bôscoli, Fernando de Barros, Otto Lara Resende, Fernando Sabino, Millôr Fernandes, Telmo Martino e Carlos Heitor Cony; o psicanalista Eduardo Mascarenhas, o escritor Guilherme Figueiredo, o homem de televisão Walter Clark, a atriz Neila Tavares, o ator e seu ex--cunhado Jece Valadão, o designer e seu sobrinho Sergio Rodrigues, além do pintor Augusto Rodrigues e da jornalista Teresa Cristina Rodrigues, seus primos. Não era pouco para começar. Elas me serviriam de valiosas fontes de informação e me indicariam outros a procurar. Nelson morrera havia dez anos, em 1980, mas sua memória ainda deveria estar viva para todos eles.

Por via das dúvidas, resolvi checar como estava também a memória em geral sobre Nelson — ele, que em vida fora tão popular, principalmente pelos jornais e pela televisão. Comecei por uma incipiente pesquisa em sebos e livrarias do Rio, de São Paulo e de outras capitais a que eu estava indo para autografar *Chega de saudade*. Nas livrarias comuns, não só não havia nenhum de seus livros (nem mesmo os de teatro) como os balconistas não pareciam saber quem era Nelson Rodrigues. O que não foi surpresa para mim, ciente de que seus livros de crônicas, como *O óbvio ululante* (1968), *A cabra vadia* (1970) e *O reacionário* (1977), estavam esgotados e fora de catálogo havia décadas. E as *Memórias*, lançadas em 1967 pela natimorta editora do *Correio da Manhã*, tinham se tornado raridade bibliográfica.

Já os funcionários dos sebos sabiam muito bem quem ele era, porque neles a procura por Nelson era grande. Tão grande que mantinham listas de espera de clientes interessados em qualquer livro dele — donde, nas raras vezes em que aparecia um exemplar, já tinham para quem vendê-lo. Inscrevi-me em duas dessas listas, mas, ao registrar meu nome e telefone no caderno dos livreiros, constatei que as solicitações por Nelson ocupavam quatro ou cinco páginas. A chance de um livro dele me chegar às mãos era mínima. Não que eu precisasse, porque já tinha tudo de Nelson — livros comprados na época do lançamento ou em sebos de outros tempos. Só queria ter uma ideia de como estava a demanda do mercado. E concluí que Nelson só precisava de um impulso para voltar.

Mas que, para isso, não se contasse com os intelectuais. Parecia haver um consenso na praça de que, quando se tratava de Nelson Rodrigues, só o seu teatro importava. Ninguém se lembrava ou dava valor à sua produção jornalística, como os folhetins "Meu destino é pecar", "Minha vida", "Escravas do amor" e outros, publicados entre 1944 e 1949 nos Diários Associados e assinados por Suzana Flag ou Myrna, seus pseudônimos femininos; os contos de "A vida como ela é...", na *Última Hora*, de 1951 a 1961; outro folhetim, o explosivo "Asfalto selvagem", já com seu nome, também na *Última Hora*; e os milhares de crônicas sobre futebol e sobre todos os assuntos, na *Manchete Esportiva*, no *Globo* e no *Jornal dos Sports* — em 1990, tudo isso fora apagado da história. E o incrível é que a produção de Nelson para a imprensa, publicada diariamente durante quarenta anos, esmagava em quantidade o que ele fizera para o teatro, como se seu verdadeiro palco de trabalho fossem as Redações. Ninguém jamais atentara para isso. Nem ele próprio.

Pelos dois anos seguintes, 1991 e 1992, eu viveria em função da vida de Nelson Rodrigues, autor e personagem de si mesmo, e o resultado seria *O anjo pornográfico*.

Mais adiante, assim como farei com *Chega de saudade,* tratarei do processo de apuração das informações e de escrita dessa biografia. Por ora, basta dizer que, durante os dois anos em que me dediquei a ela, foi como se vivesse pessoalmente as venturas e desventuras que abalariam o publicitário no cativeiro. E que aqueles dois anos me tornaram mais atento à dor e ao sofrimento humanos. Eu, que até então nunca passara por nada mais sério do que um espirro e uma ou outra dor de cotovelo.

A ideia para um novo livro, que seria *Estrela solitária: Um brasileiro chamado Garrincha,* me veio a 10 mil metros de altura, em dezembro de 1992. *O anjo pornográfico* chegara às livrarias semanas antes. Cumprida a maratona de lançamentos, entrevistas e palestras, eu estava a bordo de um avião com Heloisa, rumo a Londres, em férias, quando a coisa me veio à cabeça. A vantagem de ter uma ideia em tal altitude é que, à falta de compromissos externos pelas horas seguintes, pode-se analisá-la com cuidado. Mas, naquele caso, assim como se dera com o estalo sobre Nelson, tudo se passou em segundos.

Ocorreu-me fazer um livro sobre o alcoolismo. Eu próprio era alcoólatra, sem beber desde 1988 graças a um tratamento com internação no Recanto Maria Tereza, clínica para dependentes químicos em Cotia (SP), e decidido a continuar assim. Antes que você pergunte, adianto logo que o fato de ter parado de beber não me tornava um ex-alcoólatra, assim como um diabético não se torna ex-diabético porque deixa de usar açúcar — torna-se apenas um diabético que deixou de usar açúcar. Desde minha saída do Maria Tereza, eu me dedicara a estudar as várias dependências químicas, sendo a do álcool a mais estigmatizada. Embora já reconhecido pela OMS (Organização Mundial da Saúde) como uma doença, o alcoolismo continuava a sofrer enorme preconceito. Para a maioria das pessoas, o alcoólatra é um "sem-vergonha", que "bebe mal", "não sabe quando parar", e não alguém que precisa de ajuda.

Mas que espécie de livro sobre alcoolismo? Não seria uma pensata, porque não sou ensaísta, nem um apanhado da doença através dos séculos e muito menos uma memória sobre o meu caso pessoal. O que eu queria era contar uma história — a de alguém que, por causa do álcool, perdera tudo. Há uma crença arraigada de que as pessoas são "levadas a beber" porque sofrem fracassos pessoais, amorosos, profissionais, financeiros e bebem "para esquecer". Mas o senso comum ignora que, ao contrário, esse fracasso pode ter sido uma consequência da bebida — e um pretexto para beber ainda mais. Exemplo: um homem que bebe "porque foi abandonado pela mulher" pode ter sido, ao contrário, abandonado pela mulher exatamente por beber, e agora usa esse abandono para beber ainda mais. Eu queria algo diferente. Queria um vencedor, alguém indiscutível, insuperável na sua atividade, admirado por homens e mulheres e que, apesar disso, fora destruído pela garrafa.

Está bem, mas quem? Pois, assim que me veio a palavra *alcoolismo*, piscou também o nome de Garrincha. E por que ele? Porque, embora a afirmação pudesse parecer absurda para quem só se lembrava dele nos anos 70, ele não era um perdedor.

Longe disso. Entre 1958 e 1962, pelas duas Copas que trouxera para o Brasil e por cativar milhões com sua aura de homem ingênuo e feliz, ninguém fora mais amado no país do que Garrincha. Como explicar que, pós-futebol, sua vida fosse marcada por tanta miséria e degradação?

Eu me considerava apto a levantar a história de Garrincha. Procuraria entrevistar jogadores, dirigentes, médicos, jornalistas e amigos que tinham convivido com ele tanto no Botafogo e na seleção, que foram o seu apogeu, como nos outros clubes, a que ele, de repente, só tinha sua lenda para oferecer, não mais seu futebol. Iria às suas origens, na cidadezinha que ele tornara famosa, Pau Grande, na serra fluminense, visitando-a quantas vezes precisasse, para reconstituir sua infância e juventude, o casamento precoce e a fieira de filhas. E tentaria, claro, extrair de Elza Soares tudo sobre os quinze anos que eles tiveram de vida em comum, marcada, ao que se sabia, por paixão e grandes confusões. Como resultado desse mergulho, eu procuraria responder a duas perguntas que me pareciam fundamentais: quando Garrincha começara a beber? E quando a dependência se instalara?

A primeira pergunta era importante pela crença dos leigos de que, ao encerrarem a carreira e perderem a adulação da torcida, os jogadores se "entregam ao vício". Mas e se a investigação revelasse que Garrincha sempre bebera? Nesse caso, eu buscaria determinar o momento em que, para ele, a bebida deixara de ser uma farra, um prazer, ainda que abusivo, e se tornara algo que seu organismo já não pudesse ficar sem — o que caracterizaria seu fim como profissional. Só o desafio de chegar a essas respostas era suficiente para me convencer a me jogar na aventura.

E havia o pano de fundo da narrativa: o futebol de uma época que eu conhecia bem. Era uma paixão a que, como muitas crianças da minha geração, eu me dedicara fanaticamente dos seis aos quatorze anos, de 1954 a 1962, não por acaso os anos dourados de Garrincha. O fato de eu torcer pelo Flamengo (e Deus sabe quantas vezes tivemos Garrincha como algoz em tardes de Flamengo × Botafogo no Maracanã) seria uma vantagem. Eu não cairia na tentação de protegê-lo — embora isso não me impedisse de amá-lo.

Mas o melhor era que eu já tinha uma base de onde partir. Como um garoto que acompanhara jogo a jogo o futebol carioca daqueles anos, pelas páginas do *Correio da Manhã* e da *Manchete Esportiva*, pelas transmissões de Waldyr Amaral na Emissora Continental, pelos gols do cinejornal *Esporte na Tela*, pelos álbuns de figurinhas da editora Vecchi e sendo levado ao estádio por meu pai nos grandes clássicos, eu sabia o resultado, a escalação, o nome do juiz e a marcha do placar de inúmeros jogos, não só do Flamengo. Ao começar o trabalho sobre Garrincha, descobri, para minha surpresa, que boa parte daquele banco de dados, acumulado quarenta anos antes, continuava viva na minha memória.

Naturalmente, esse conhecimento se limitava ao que tinha acontecido dentro do campo. E, de repente, dei-me conta de que biografar Garrincha me permitiria descobrir tudo o que ocorrera antes, durante e depois das principais partidas, não só no gramado, mas também nos vestiários, na concentração dos clubes, na casa dos jogadores e, entre um e outro desses lugares, na alma deles. Seria como fazer uma viagem ao outro lado da minha infância — ao que não era possível a uma criança saber.

Para isso, eu teria de me superar no quesito apuração. Para o livro sobre Nelson, eu ouvira perto de 150 pessoas e não precisara passar disso porque eram, quase todos, pessoas articuladas, como atores, diretores de teatro, outros teatrólogos, jornalistas, escritores, gente com muitas informações para dar. Já no mundo de Garrincha, estrelado por pessoas como ele, de origem humilde e cujo meio de expressão era uma bola Drible ou Superball, eu não teria essa facilidade. Mas esse era só um dos desafios do projeto. Para descobrir tudo de que precisava, eu teria de ouvir muito mais fontes e cada qual mais vezes.

Incluindo apuração e escrita, o livro me tomou três anos de trabalho, metade dos quais sem um título definido, até que, certa noite, ele me surgiu em sonho: *Estrela solitária*. (Não é incomum. Outros escritores já me falaram que isso lhes aconteceu.) Era um título que me parecia perfeito: resumia o destino de Garrincha e se referia ao clube com o qual sua história se confundia, o Botafogo. Eu não sabia então que, 55 anos antes, em 1940, o ilustre botafoguense Augusto Frederico Schmidt já usara *Estrela solitária* como título de um de seus livros de poesia.

*Estrela solitária: Um brasileiro chamado Garrincha* chegou às livrarias em novembro de 1995, e, assim que foi vendido o primeiro exemplar, os advogados das filhas de Garrincha entraram com um processo contra a Companhia das Letras. Eles ainda nem o tinham lido. Um mês depois, um juiz deu-lhes ganho de causa, proibindo a circulação do livro. Foi a primeira biografia brasileira a sofrer essa violência. A medida só seria revogada por outro juiz em novembro do ano seguinte e, desde então, o livro seguiu carreira. Mas ficou onze meses fora do mercado — durante a interdição, ganhou o prêmio Jabuti de biografia e de livro do ano —, e o processo se arrastaria pelos onze anos seguintes.

Até 2015, aliás, quando o Supremo Tribunal Federal liberou a publicação de biografias não autorizadas, o Brasil podia se envergonhar de ter a legislação mais atrasada do mundo nesse departamento. A mordaça só caiu quando, depois de uma luta de anos dos biógrafos, a questão se resolveu com a inesquecível sentença da ministra Cármen Lúcia, do STF: "Cala a boca já morreu".

Depois de *Estrela solitária*, passei anos longe das biografias. Não por desencanto ou tédio e muito menos por medo de herdeiros, mas porque não me ocorreu um nome irresistível para biografar.

Além disso, desde 1997, vinha dando tratos a uma questão que sempre me intrigara: o que fenômenos como Tom Jobim, Vinicius de Moraes, Leila Diniz, Millôr Fernandes, Rubem Braga, Glauber Rocha, Danuza Leão e instituições como a Bossa Nova, "Garota de Ipanema" (o samba), o Cinema Novo, a esquerda festiva, *O Pasquim*, a revista *Senhor*, a polêmica tanga de Fernando Gabeira, a Banda de Ipanema tinham em comum? Todos se referiam a Ipanema, o famoso bairro da Zona Sul do Rio.

Na verdade, eles eram quase seus sinônimos. E o que Ipanema tinha de tão diferente de outros bairros do Rio, como o Flamengo, o Leblon ou o Grajaú, para produzir tanta gente que marcara a cultura do país? O que havia naquelas ruas, praças e areias que levava tantos de seus moradores a ser tão consistentemente rebeldes e a ter um alcance nacional em arte, sexo, política e comportamento? Todo o Brasil os conhecia e sabia que eram "de Ipanema".

Eu admirava Ipanema à distância porque, apesar de frequentar seus bares e personagens desde os anos 60 e ter namorado algumas de suas garotas, nunca morei lá. E não porque não gostasse de me mudar — na vida adulta, fui cidadão da Glória, do Flamengo, de Botafogo, de Laranjeiras e, depois de um longo hiato em São Paulo, me fixei no Leblon, de onde só espero sair para o São João Batista.

Comecei a botar no papel o nome de outras pessoas que, de memória, eu associava a Ipanema: jornalistas como Paulo Francis, João Saldanha, Lucio Rangel, Jaguar, Ibrahim Sued, os escritores Ferreira Gullar, Fernando Sabino, Paulo Mendes Campos, Lucio Cardoso, Maria Clara Machado, Marina Colasanti, a estilista Zuzu Angel, a cantora e compositora Dolores Duran, o deus da praia Arduino Colasanti. Varejando toda espécie de veículos, descobri a identidade ipanemense de muita gente importante: o comediante Jô Soares, o cineasta Domingos Oliveira, a atriz Betty Faria, o homem de televisão Walter Clark, o crítico de arte Mario Pedrosa, os esportistas Rudolf e Bruno Hermanny, os designers de móveis Joaquim Tenreiro e Sergio Rodrigues, as figurinistas Marilia Carneiro e Kalma Murtinho, artistas gráficos como Bia Feitler e Eugenio Hirsch e uma verdadeira galeria de artistas plásticos: Rubens Gerchman, Marilia Kranz, Enrico Bianco, Glauco Rodrigues, Alfredo Ceschiatti, Milton Dacosta, Maria Leontina, Eduardo Sued, Juarez Machado. Para não falar de pescadores, políticos, fotógrafos, simples bebuns e mais um monte de categorias, inclusive um suposto espião da CIA, o folclórico John Mowinckel, e o cachorro Barbado. E havia também a praia com seus pontos — o Arpoador, o Castelinho, a Montenegro, o Píer, o Posto Nove, que marcaram o comportamento no Brasil —, as ruas, as esquinas, os botequins. Tudo isso era Ipanema e podia render um livro.

Nos compêndios localizei figuras históricas com passagens importantes por lá, como João do Rio, Isadora Duncan, Alvaro Alvim, Ernesto Nazareth, Josué de Castro, Pontes de Miranda, Rodrigo Mello Franco de Andrade, o casal Luiz Carlos Prestes e Olga Benario e três presidentes da República: Dutra, Juscelino e Castello — não que deste item Ipanema tivesse culpa. E o bairro gerara também toda uma novíssima geração de contestadores: Cazuza, Lobão, Angela Ro Ro, as craques do vôlei Jacqueline Silva e Isabel Salgado e o pessoal do Dzi Croquettes, da Blitz, do Asdrúbal Trouxe o Trombone, do Simpatia É Quase Amor e do Circo Voador. Era um mundo. Finalmente, consultei amigos que me chamaram a atenção para personagens só conhecidos em Ipanema, mas detentores de uma influência sobre a língua, os costumes e o pensamento de que o Brasil nem suspeitava: Hugo Bidet, Paulo Goes, José Sanz, Ferdy Carneiro, Albino Pinheiro, Roniquito de Chevalier, Zequinha Estellita, Josef Guerreiro. E então, ao ouvir este último nome, lembrei-me de uma cena ocorrida cinco anos antes, em dezembro de 1992.

Eu e meu amigo Ivan Lessa, ele com sua mulher, Elizabeth, eu com Heloisa, nos descobrimos casualmente em Paris naquele fim de ano. Num dos nossos papos de café, Ivan, ele próprio um ipanemense remido, começou a me falar de figuras de seu panteão particular na praça General Osório dos anos 50 e 60 — um deles, Josef Guerreiro, Guerreirinho, ator cujo enorme potencial se dissipara numa nuvem de álcool, confusão mental e oblívio. Ao acabar de me contar a história de seu amigo, quase uma tragédia bufa, Ivan enxugou uma lágrima e disse que, depois que ele e mais alguns tivessem ido embora, ninguém mais saberia que, um dia, Guerreirinho existira. Essa frase me perturbou, e com razão. Naquele momento, sem que soubéssemos, Ivan estava me pedindo o livro que, em 1999, seria *Ela é carioca: Uma enciclopédia de Ipanema*.

Por "enciclopédia", entenda-se um livro de verbetes em ordem alfabética — 231 deles, cobrindo personagens e instituições de Ipanema. E por que não um livro convencional, com uma história corrente e cronológica do bairro? Foi o que Luiz Schwarcz, avesso à ideia dos perfis, me perguntou quando lhe apresentei a proposta. Argumentei que, devido à grande quantidade de personagens principais e de um batalhão de coadjuvantes, todos importantes, eu não via como compor uma narrativa coerente. Haveria personagens que, depois de surgir em cena, levariam as duzentas páginas seguintes fora do livro e só então retornariam — e como fazer o leitor se lembrar deles sem ter de contar sua história de novo? A solução, para mim, era isolar cada qual num verbete fechado — um perfil —, em que sua trajetória teria começo, meio e fim. O leitor poderia entrar no livro por qualquer página e ler os perfis na ordem que desejasse, mas a leitura conjunta deles comporia o mosaico.

Além disso, os personagens fariam aparições-relâmpago em perfis alheios. Luiz pareceu se conformar, e parti para o trabalho no livro.

Cada perfil exigiu um trabalho de investigação e pesquisa equivalente ao de uma pequena biografia. Alguns me tomaram muito tempo, e houve casos em que me dediquei por semanas a um personagem até descobrir que, ao contrário do que pensava, ele não tinha a ver com Ipanema. Um exemplo são os quatro famosos mineiros Fernando Sabino, Paulo Mendes Campos, Otto Lara Resende e Helio Pellegrino. Os dois primeiros "eram Ipanema"; os dois últimos não (mas custei a descobrir isso). Outra dificuldade estava em que, para fazer parte do livro, não bastava a alguém ter nascido em Ipanema, mesmo que depois se tornasse um astro da Globo ou da música popular. A ideia era mostrar que, em Ipanema, as pessoas eram importantes por ser criativas, inovadoras, excêntricas, rebeldes, corajosas, quase suicidas, não por ser famosas. O fato de muitas serem famosas era só consequência, e ninguém dava importância para isso.

Diferentemente de Copacabana, já urbanizada, cosmopolita e com prédios altos desde os anos 40, Ipanema fora por muito tempo um poético subúrbio à beira-mar. Um areal deserto, barato, que o carioca esnobava, mas ideal para imigrantes recém-chegados, sem tostão e sem falar português, a maioria já casada e com um filho pequeno ou a caminho. Longe dos rigores e perigos da Europa, Ipanema lhes dava sossego, segurança, sol o ano inteiro e a praia e o mar como quintal. Como retribuir tudo isso? Pois o que eles deram a Ipanema também foi de um valor incalculável: seus 2 mil anos de história e educação e sua tradição de resistência, inconformismo e luta. Ao chegarem aqui, eles se misturavam com os nativos, estes também sem dinheiro, mas receptivos a influências. A areia equalizou todo mundo e, com isso, nasceu uma cultura única no Brasil — um misto de erudição e corpos nus, em que alguém capaz de ler a direção do vento era tão respeitado quanto quem lia poetas como Hölderlin, Leopardi ou Baudelaire.

Ao cabo de dois anos, eu tinha o elenco do livro definido e todas as informações a respeito deles. Só faltava escrever — o que exigiu uma técnica particular, de que falarei no capítulo 3. E só então descobri que, para quem se queixava de não ter ninguém para biografar, *Ela é carioca* equivalia a escrever mais de duzentas minibiografias.

Depois de minha experiência com Nelson Rodrigues e Garrincha, achei que seria um desafio biografar uma mulher. Mas qual mulher? Em *Ela é carioca*, eu escrevera sobre muitas: Tonia Carrero, Odette Lara, Danuza Leão, Laura Alvim, Tania Caldas, Duda Cavalcanti, Silvia Amelia Chagas, Scarlet Moon, Marina Colasanti, Germana de Lamare, Rose di Primo, Isadora Duncan, Dolores Duran, Ira Etz, Bea Feitler, Elizabeth Gasper, Astrud Gilberto, Marilia Kranz, Liliane Lacerda de Menezes, Vera Barreto Leite, Maria Leontina, Elsie Lessa, Ana Maria Machado, Ana Maria Magalhães, Suzana de Moraes, Helô Pinheiro, Odile Rodin, Marcia Rodrigues, Angela Ro Ro, Regina Rosenburgo, Isabel Salgado, Jacqueline Silva, Olga Savary e, claro, Leila Diniz. Todas renderam alentados perfis em meu livro. Mas uma biografia é outra coisa; exige obsessão, entrega e exclusividade. Além disso, só poderia ser uma pessoa que, mesmo que eu não soubesse, já fizesse parte de mim. Carmen Miranda, por exemplo.

Carmen Miranda! Quando seu nome me ocorreu, em meados de 2000, meu espanto foi por já não ter tido essa ideia. Assim como Nelson Rodrigues, ela me seguira pela vida. Em criança, de calça curta e dedo no nariz, eu já sabia quem ela era e o que representava. Meu pai, também chamado Ruy, arranhava o violão, gostava de cantar e conhecia todos os sambas e marchinhas dos anos 30; minha mãe, Ana, não cantava, mas comandava a trilha sonora da família. Eles tinham centenas de discos de 78 rpm, que tocavam numa vitrola americana (RCA Victor, daí o nome) último modelo — 1950 —, com dois alto-falantes de doze polegadas e toca-discos já com as três velocidades (78, 45 e 33 rpm). O velho Ruy era fiel aos cantores de sua boemia na Lapa e na praça Tiradentes: Francisco Alves, Sylvio Caldas, Mario Reis. Ana era mais moderna — seus favoritos eram Dick Farney e Lucio Alves — e eclética: era fã também de Frank Sinatra, Doris Day, big bands, tangos, canções francesas, valsas vienenses. Mas os dois tinham uma mesma paixão: Carmen Miranda. Cresci ao som de "Pra você gostar de mim [Taí]", "Como 'vais' você?" e "Uva de caminhão" saindo dos 78 rotações originais. E então, subitamente, no dia 5 de agosto de 1955, aos 46 anos, Carmen Miranda morreu em Beverly Hills. Lembro-me de meus pais ouvindo a notícia por Heron Domingues no *Repórter Esso* e chorando. Foi como uma morte na família.

Os anos se passaram e, pela juventude e vida adulta, continuei convivendo com Carmen. A certa altura, eu próprio passara a comprar seus discos, tanto as coletâneas em vinil (Carmen nunca gravou um LP) quanto os já raros 78 rotações, estes nos sebos do Centro do Rio. Mas, já então, eu tinha um expert para me orientar: o mesmo José Lino Grünewald, cuja coleção de 78s de Carmen incluía os mais difíceis de encontrar, como "Fon-Fon", "Salada mista" e "Cachorro vira-lata".

Quando pensei numa biografia de Carmen, o impulso inicial foi a variedade de lugares em que sua história se passara — o Rio dos anos 1910, 20 e 30, as turnês em Buenos Aires entre 1933 e 1938, a Broadway de 1939, a Hollywood dos anos 40 e, daí até o final, Beverly Hills, Las Vegas, Havana e, de novo, o Rio. Esses seriam os cenários e as épocas, todos fascinantes, a reconstituir. Para não falar dos veículos em que ela fora grande estrela: os discos, o palco, o rádio, os cassinos, principalmente o da Urca, o teatro, o cinema, os primeiros shows em estádios nos Estados Unidos; por fim, a televisão. E dos coadjuvantes ao seu redor: sua irmã Aurora, Ary Barroso, Assis Valente, Mario Reis, o Bando da Lua, Don Ameche, Cesar Romero, Betty Grable, Harry James, Groucho Marx.

Carmen já fora objeto de vários livros. Um deles, *A Pequena Notável*, de Abel Cardoso Junior, era um excepcional levantamento de sua carreira discográfica; outro, *O ABC de Carmen Miranda*, de Dulce

Damasceno de Brito, amoroso, pessoal e informativo. Os demais davam exagerada ênfase à sua carreira americana e pareciam ter uma fixação pela Política da Boa Vizinhança. Nenhum me satisfazia quanto a duas questões que eu achava importantes: a trajetória brasileira de Carmen, antes, durante e depois do estouro com "Taí", em 1930, e o que lhe acontecera em seus últimos anos nos Estados Unidos. Não era segredo que, no fim da vida — que ninguém suspeitaria tão breve —, Carmen tivera problemas pelo excesso de remédios "controlados". Todos os livros a seu respeito falavam disso, com o desconhecimento típico sobre o assunto e os clichês de sempre: a "estafa", as "pressões do estúdio" e a atuação maléfica de David Sebastian, seu marido americano. Eu sabia que podia fazer melhor.

Ao me decidir por biografar Carmen, e antes de começar a trabalhar, repeti um procedimento que já havia adotado com Garrincha e Nelson Rodrigues: levantei o que tinha em casa sobre ela. E, mais uma vez, me surpreendi. Descobri em meus guardados uma pasta com recortes sobre Carmen — reportagens que colecionara, algumas tiradas de revistas que haviam pertencido a meus pais e que eu trouxera comigo pela vida. Percebi também que, com as generosas caixas de CDs de Carmen lançadas pela BMG e pela EMI nos anos 90 e com minha coleção de 78 rotações e LPs, eu tinha quase tudo que ela gravara. E, em VHS, laser disc e DVD, sete ou oito de seus filmes americanos — o que significava metade da sua produção cinematográfica. Era um material considerável. E nem me lembrava de que já escrevera sobre ela em diversos veículos, inclusive uma reportagem de capa na *Manchete*, em 1972.

Portanto, assim como também acontecera com os livros anteriores, era como se eu tivesse me preparado durante anos para biografar Carmen Miranda — e, de repente, ela voltasse à vida e me soprasse que chegara a hora.

Essa hora se converteu nos cinco anos que eu levaria para fazer *Carmen: uma biografia*. Os cinco anos mais excitantes de minha vida como biógrafo.

Em 1990, ao entrevistar o compositor e cantor Tito Madi para *Chega de saudade*, ele dizia reconhecer a importância da Bossa Nova e ser grato por associarem seu nome a ela, mas não se considerava participante do movimento. Identificava-se muito mais com o samba-canção. E, sem dúvida, o melhor de sua obra — "Chove lá fora", "Não diga não", "Cansei de ilusões", "Menina-moça" — se enquadrava naquela categoria, sendo "Balanço Zona Sul" uma de suas poucas incursões em águas bossa-novistas. Ao se despedir de mim naquela tarde em Copacabana, com a delicadeza que o caracterizava (foi das pessoas mais amáveis que conheci), Tito pediu:

"Ruy, um dia faça um livro sobre o samba-canção."

Era uma sugestão, não uma encomenda, e nunca me esqueci dessas palavras de Tito. Mas ele teria de esperar 25 anos para vê-la realizada — talvez fosse o tempo de que eu também precisasse para fazer jus ao desafio. Até que, em novembro de 2015, tive o prazer de visitá-lo, dessa vez em Botafogo, e lhe entregar o primeiro exemplar do livro que ele me sugerira: *A noite do meu bem: A história e as histórias do samba-canção*.

Em tudo e por tudo, inclusive no formato e no subtítulo, *A noite do meu bem* era quase um irmão de *Chega de saudade*. Curiosamente, um irmão mais velho, apesar de escrito muito depois. Tratava de uma realidade mais adulta que a da Bossa Nova (seus personagens eram homens maduros, de terno e gravata, e mulheres fatais e perfumadas, não aqueles meninos de praia). O autor também se sentia mais maduro.

Os dois livros se passavam quase no mesmo universo, o Rio de 1945-65, mas sob prismas diferentes — o de *A noite do meu bem* era uma odisseia de poder e prazer, as duas grandes motrizes da então capital federal, distribuídas entre o Catete, sede do governo, e a boate Vogue, o centro endinheirado, grã-fino e sensual do país. Era o Brasil constitucional, livre, sem tutelas, pós-Estado Novo e pré--militares.

Seus protagonistas eram, de um lado, artistas como Dick Farney, Lucio Alves, Nora Ney, Doris Monteiro, Maysa, Elizeth Cardoso, e, de outro, Getulio Vargas, Juscelino Kubitschek, Carlos Lacerda, Samuel Wainer, Lourdes Catão, Tereza Souza Campos, Ibrahim Sued. Eles conviviam e se misturavam, e essa química, exclusiva da noite carioca daquela época, era o que importava. A trilha sonora, a cargo de Antonio Maria, Dorival Caymmi, Lupicínio Rodrigues, Dolores Duran e do ainda muito jovem Tom Jobim, era a música romântica brasileira no seu apogeu — já então, juntamente com a americana, a melhor do mundo.

A noite do meu bem não seria uma biografia, mas uma reconstituição histórica, tendo como combustíveis o uísque, o glamor e a música de alto nível.

A origem de A noite do meu bem foi também um estalo, mas do qual só me dei conta com atraso. Em 2011, a bordo de um navio para Buenos Aires, eu e Heloisa assistimos a um show da insuperável Ellen de Lima, com um repertório repleto de sambas-canção — "Canção de amor", "Ninguém me ama", "Bar da noite", "Molambo", "Devaneio", "Ouça", "Fim de caso", muitas mais. Era um desfile de beleza e sensibilidade na voz de Ellen, cantora que só precisa do espaço de um lenço para ocupar todo o palco. E o melhor: foi uma verdadeira noite de samba-canção, não de sambas-canção em ritmo de bolero, como nossos músicos costumam fazer e a que as cantoras se submetem. (Imagine se em Havana ou na Cidade do México alguém se atreve a tocar "Contigo en la distancia" ou "Solamente una vez" em ritmo de samba-canção.)

A ideia não me bateu ali, em pleno mar, mas um ano depois, em terra firme, ao me lembrar daquela sucessão de obras-primas quase abandonadas e, ainda assim, eternas. Como seria um livro sobre elas e sobre aquele tempo?

Da mesma forma como nos livros anteriores, comecei por um levantamento do que já tinha sobre o assunto. Ao consultar as estantes, abrir os armários e examinar os discos, fiquei espantado. Assim como no caso de Carmen, era como se tivesse passado a vida acumulando material para escrever sobre o samba-canção. Em LP e CD, tinha Dick Farney e Lucio Alves completos; quase tudo de

Doris Monteiro, Maysa e Dolores Duran; muita coisa de Miltinho, Jamelão e Nora Ney, e até de cantores que admirava, mas não faziam parte do meu cardápio, como Dalva de Oliveira, Cauby Peixoto e Angela Maria. Tinha também os songbooks de vários compositores — Ary, Caymmi, Ataulpho, Lupicínio, Antonio Maria e até do outrora famoso e já pouco lembrado Luiz Antonio. E uma quantidade de livros de memórias de personagens daquele tempo, como Fernando Lobo, Klecius Caldas, David Nasser, Hugo Gouthier, Jorge Guinle, André Jordan, Danuza Leão, Mario Saladini — nada mau para começar.

Os três anos seguintes foram uma gincana de entrevistas com as fontes, incluindo mais de cem sobreviventes daquela época, entre artistas, boêmios e grã-finas; uma peregrinação por boates fantasmas — pelos endereços em que elas tinham existido em seu apogeu e já então abrigando bancos, loterias e até uma livraria evangélica —; um mergulho na imprensa carioca dos anos 40 e 50 — colunas sociais, a crônica da madrugada e o noticiário policial —; e, por fim, a busca, em sebos, leilões e particulares, dos 78 rotações e dos LPs de dez polegadas do gênero. Ao fazer isso, vi-me imerso no mundo sobre o qual, em criança, eu ouvia os mais velhos falarem — um mundo de boates à luz de velas, com seu universo de gravatas e decotes, olhares furtivos, garçonnières, conquistas, carros conversíveis, cigarros americanos, altos negócios entre um e outro uísque e, como som ambiente e com grande autoridade, Linda Baptista cantando "Risque".

Nos capítulos a seguir, mais detalhes sobre a apuração e a escrita de *A noite do meu bem* — três anos em que, por empréstimo, vivi o equivalente a uma deslumbrante vida passada.

Assim como você, li e ouvi muitas vezes que, em 1922, o Brasil era um país atrasado, passadista, ignorante de si mesmo e do mundo lá fora, e que sua literatura era um pântano de poemas parnasianos e mesóclises lusitanas, sob a ditadura de medalhões como Ruy

Barbosa, Olavo Bilac e Coelho Netto. Mas, para nossa sorte, uma plêiade de jovens intelectuais da Pauliceia — a desvairada, você sabe — levantou-se num movimento para nos tirar desse atraso.

Eram os futuristas, que, em fevereiro daquele ano, promoveram a Semana de Arte Moderna e nos apresentaram à velocidade, ao automóvel, ao cinema, aos arranha-céus, ao verso livre, ao poema-piada, à "contribuição milionária de todos os erros", à antropofagia, enfim, ao desvario. Um novo Brasil nascia ali, dizia-se, e com desdobramentos que, de tantos e tão importantes, ainda não tinham sido completamente catalogados. A fundação do Partido Comunista, por exemplo, fora uma das consequências da Semana, assim como as revoltas tenentistas, a industrialização, as greves, a Coluna Prestes, a Revolução de 30 — tudo só fora possível porque, um dia, Mario de Andrade escrevera "milhor" e "nós fumo" em vez de "melhor" e "nós fomos" e porque Oswald de Andrade fizera mais uma piada.

Como tantos da minha geração e das gerações seguintes, levei a vida ouvindo isso sem questionar. O discurso parecia fazer sentido e, afinal, era bom saber que o Brasil também tivera uma geração rebelde, afinada com o que se fazia em Paris e Nova York nos fascinantes "anos loucos", os anos 20 do século XX. E não faltava uma oceânica e uspiana bibliografia sobre Mario e Oswald para nos assegurar disso.

Nem tudo, no entanto, se encaixava. Com frequência, como serpentes que se esgueirassem entre as certezas absolutas, certos nomes insistiam em se intrometer nesse cânone. Nomes que, de tão familiares, sempre demos de barato e dispensavam contextualização — João do Rio, Lima Barreto, Manuel Bandeira, Di Cavalcanti, J. Carlos, Alvaro Moreyra, Agrippino Grieco, Ismael Nery, Ronald de Carvalho, Gilka Machado, Orestes Barbosa, Roquette-Pinto, Sinhô, Pixinguinha, Villa-Lobos, muitos mais. Exceto por João do Rio, morto em 1921, todos estavam vivos, ativos e reconhecidos em 1922 ou até antes, e vivendo na mesma cidade — o Rio. E a grande maioria deles não tivera nada a ver com a Semana de Arte Moderna.

Significava que não eram modernos? Aos meus olhos, eram. Todos tinham sido inovadores em suas especialidades: jornalismo, romance, poesia, crítica, pintura, caricatura, teatro, antropologia, rádio, samba, choro, música clássica, costumes, e muitos deles envolvidos em várias dessas atividades — hoje seriam chamados de multimídia. O que eles faziam nunca fora feito antes entre nós. Ora, se já exerciam em 1922 os talentos que os tornariam nomes consagrados nas décadas seguintes, onde estava o atraso de que tanto se falava? E, se a Pauliceia, com seus 500 mil habitantes que, segundo Oswald de Andrade, dormiam cedo em seus predinhos de dois andares, se considerava desvairada, o que dizer do Rio, a metrópole, a cidade internacional, a única com mais de 1 milhão de habitantes, prédios de dez andares, gente dia e noite nas ruas, quinze ou vinte jornais diários, vitrines iluminadas, carros, táxis, garagens cheirando a gasolina, conspirações militares e um submundo de éter, ópio e cocaína? O que faltava ao Rio que os provincianos Mario e Oswald de Andrade tinham de suprir?

Aos poucos concluí que o Rio não foi "modernista" em 1922 porque não precisava ser. Já era moderno. E, à medida que a cidade avançou pelos anos 20, consolidou uma cultura em que a disputa entre os grandes talentos se dava no mercado, não nos salões da oligarquia, nas antessalas do governador e em Redações de revistas paroquiais, lidas somente pelos que escreviam nelas. E, logo depois de 1922, naqueles mesmos anos 20, o Rio teria também Elsie Houston, Bidu Sayão, Sinhô, Aracy Cortes, Adhemar Gonzaga, Procopio Ferreira, Roberto Rodrigues, Oswaldo Goeldi, Cícero Dias, Cecilia Meirelles, Ismael Silva, Francisco Alves, Mario Reis, Carmen Miranda, cada qual com suas inovações. O Rio era o centro nervoso do país, não por ser a capital, mas por ser o Rio, uma cidade que havia trezentos anos abrigava gente de todas as origens, categorias e aptidões.

Uma amostra disso era que nenhuma outra cidade brasileira tinha tantos homens negros em posições de destaque — jornalistas como João do Rio, Irineu Marinho, Viriato Correa e Patrocínio

Filho, juristas como Pedro Lessa, Hermenegildo de Barros e Evaristo de Moraes, escritores como Lima Barreto e Antonio Torres, cientistas como Juliano Moreira, o caricaturista K. Lixto e um político que, como vice, já ocupara a presidência da República, o senador Nilo Peçanha. No Rio fermentou a rebelião dos 18 do Forte de Copacabana, que visava derrubar a República do Café com Leite e livrar o Brasil dos seus 80% de analfabetos e de eleições viciadas. Em setembro daquele mesmo ano de 1922, viria a Exposição Internacional do Centenário da Independência, que ficaria onze meses em cartaz, receberia 3 milhões de visitantes, com seus ciclos de conferências, encontros envolvendo acordos bilaterais de comércio e indústria, exibição de novas tecnologias nos pavilhões dos países estrangeiros e o verdadeiro ingresso do país na modernidade.

Isoladamente, tudo isso era de conhecimento mais ou menos geral, mas, até então, sem destaque na historiografia e nunca reunido numa narrativa. Esse foi o impulso inicial para o livro que se tornaria *Metrópole à beira-mar: O Rio moderno dos anos 20*.

O que eu não podia imaginar era que o livro seria também premonitório, com seu prólogo sobre a Gripe Espanhola, que, em fins de 1918, matara 15 mil pessoas no Rio em quinze dias. A ideia era mostrar como, depois dessa tragédia, a cidade se valera de toda a sua bravura para se reerguer — e, no Carnaval seguinte, em fevereiro e março de 1919, instaurou a revanche da alegria contra a morte. Foi o maior Carnaval da história até então, um abre-alas para os anos 20 — que, aí sim, no Rio, seriam os "anos loucos" do Brasil.

Quando *Metrópole à beira-mar* chegou às livrarias, em novembro de 2019, as quinze páginas que descreviam a Espanhola e o Carnaval foram lidas com o interesse e a neutralidade despertados por algo que pertencia ao passado. Não podíamos imaginar que, dali a três meses, aquele passado ficaria monstruosamente presente, com a chegada da covid-19.

Janet Malcolm (1934-2021), jornalista e biógrafa americana, fazia péssimo juízo de jornalistas e biógrafos. Dos primeiros, dizia: "Todo jornalista que não seja estúpido demais ou muito cheio de si para não perceber o que acontece à sua volta sabe que o que ele faz é moralmente indefensável". O que ela quer dizer? Que todo jornalista molda seu texto segundo suas próprias inclinações e que tal texto reflete mais o autor do que a suposta realidade que ele descreve. Sempre vi nessa frase um sincericídio por parte de Janet. Estaria ela se referindo ao próprio trabalho? E, sabendo-se que foi jornalista profissional durante quase setenta anos, antes, durante e depois de proferi-la, Janet nunca considerou a possibilidade de corrigir-se? Curioso também é que a revista em que trabalhou por mais tempo e onde publicou a frase era — ainda é — aclamada pelo rigor de seus editores na apuração das informações: a *New Yorker*.

Quanto aos biógrafos, Janet foi ainda mais enfática: "O biógrafo é um arrombador profissional que invade uma casa, revira as gavetas que possam conter joias ou dinheiro e foge exibindo em triunfo o produto de sua pilhagem". Imagino que as joias e o dinheiro sejam as informações que o biógrafo extrai de suas fontes — Janet não especifica se consentidas ou involuntárias — e usa "segundo suas conveniências nos livros que triunfalmente publica". Se o biografado já tiver morrido, ela define sua biografia como "o meio pelo qual os últimos segredos dos mortos lhes são tomados e expostos à vista de todo mundo". Mas, supondo que o biografado seja Hitler, Stálin ou Mao Tsé-tung, isso será moralmente condenável? E, se Janet pensa tão mal dos biógrafos, o que não dirá dos historiadores, que são biógrafos seriais?

Janet é imaginativa ao escrever, e seus conceitos têm sido recebidos há décadas com eufórica aprovação por estudiosos e teóricos que, talvez por coincidência, não são nem jornalistas nem biógrafos. Mas renegar esses estudiosos por sua pouca ou nenhuma prática na busca da informação seria generalizar — o que Janet faz ao botar todos os biógrafos no mesmo balaio. A biografia é uma prática tão sujeita a distorções quanto o ensaio literário, a escavação arqueológica ou a extração dentária, e nem por isso todos os ensaístas, arqueólogos e dentistas devem ser condenados à morte.

E até que ponto a informação pode ser substituída, por exemplo, pela observação subjetiva de uma pessoa ou ambiente, com fumaças psicanalíticas? Já se disse de Janet Malcolm que ninguém deveria se arriscar a jantar com ela ou receber sua visita. Pela maneira como a pessoa manejava os talheres ou mastigava um picles, Janet saberia descrever suas preferências políticas, musicais e amorosas sem precisar fazer-lhe uma pergunta.

Os melhores jornalistas e biógrafos preferem o jeito mais difícil de trabalhar — fazendo perguntas.

Por fim, mas não por último, há uma pergunta que se apresenta quando se trata de escolher quem biografar. Devo escolher alguém que eu admire — ou deteste?

Alguns biógrafos parecem preferir a segunda hipótese e se dar muito bem. Uma delas é a americana Kitty Kelley. A partir dos anos 80, ela se notabilizou por suas biografias de Jacqueline Kennedy Onassis, Elizabeth Taylor, a família real britânica, a dinastia Bush, a apresentadora de TV Oprah Winfrey e a mais famosa, a de Frank Sinatra, intitulada *His Way* e lançada no Brasil com esse mesmo título. Em comum entre elas, o fato de todas serem best-sellers e a permanente hostilidade da biógrafa aos seus biografados. Na de Sinatra, o cantor não passa uma página sem cometer um crime, reunir-se com a máfia, conspirar com um político corrupto, subornar um juiz ou agredir um fotógrafo. Em nenhuma das mais de seiscentas páginas ele imortaliza uma canção, grava um LP que já nasce clássico, roda um filme importante, ajuda um amigo no desvio ou visita a ex-mulher para jantar com ela e os filhos. Kelley é uma especialista no que a romancista Joyce Carol Oates chamou de "patografia", a biografia doentiamente venenosa. A velha história do biógrafo remexendo a lata de lixo de seu biografado parece ter sido inspirada em Kelley — porque é sabido que ela mandou seu marido (por que ele?) fazer isso com o lixo de Elizabeth Taylor.

Se nenhuma biografia deve ser incondicionalmente a favor, como sabemos, por que deveria ser incondicionalmente contra? Mesmo assim, não é por esse renitente espírito de porco que Kitty Kelley é mal avaliada pelos críticos americanos, mas pela dubiedade, inconsistência ou flagrante falsidade de muitas afirmações. Uma de suas supostas fontes, o FBI, já se cansou de desmenti-la. Mas qualquer novo livro de Kelley vai direto para a lista de mais vendidos do *New York Times*, a provar que o sensacionalismo vende.

É inevitável que nossa escolha de um nome a biografar tenha um fundo de simpatia ou antipatia. O essencial são as potencialidades do biografado e nosso equilíbrio no trabalho. Eu, por exemplo, prefiro trabalhar com personagens que admiro, como fiz com Nelson Rodrigues, Garrincha e Carmen Miranda, e, ao mergulhar na apuração, buscar o que haveria de negativo neles. Nelson era vaidoso; Garrincha, doente; e Carmen, ingênua, tudo em alta escala, e ao ler os livros você terá muitas oportunidades de confirmar isso. Mas este é o trabalho do biógrafo: tirar o seu personagem do pedestal em que até havia pouco o tinha e convertê-lo às dimensões dos seres humanos. O personagem tem de resistir ao que você descobrir a respeito dele — e, se for o caso, subirá sozinho de volta ao pedestal.

Escusado dizer que, se você tiver decidido biografar alguém que deteste — e cada um tem a sua própria lista de abominações —, seu dever será justamente o contrário: partir em busca das qualidades que nunca pensou existirem naquela pessoa.

# 2
# A APURAÇÃO DAS INFORMAÇÕES

A "pesquisa", apenas o início do trabalho • Um nome leva a outro • Em busca de fontes perdidas • Os arquivos: um para cada ano da história • O pequeno detalhe que junta as peças • A busca de uma informação até o fim • A hora certa de procurar as fontes • Como encarar o entrevistado • Usar ou não o gravador • Os pequenos truques das entrevistas • Lidando com as informações contraditórias • Como dobrar as fontes relutantes • A tentativa de desfazer lendas • Quando chega a hora de escrever?

Escolhido o biografado, o autor se vê diante da fase mais longa e importante do trabalho: a apuração das informações. E também a mais fascinante. Sem a apuração bem-feita, não há biografia. E não ria, mas a fórmula da apuração é simples: começa pelo levantamento de *tudo* o que já se sabe sobre o biografado e só então se parte para a busca de tudo o que *não se sabe*. A primeira etapa pode levar três meses; a segunda, três anos. Eu disse que era simples; não disse que era fácil.

Hoje, a Biblioteca Nacional permite acesso digital à sua extraordinária coleção de periódicos. Posso agora folheá-los e lê-los página por página sem ter de ir à avenida Rio Branco, subir a escadaria e passar o dia diante de uma máquina de microfilme, como fiz durante meses em função de *O anjo pornográfico*, *Estrela solitária* e *Carmen* — o que não lamentei nem por um segundo. Era um orgulho me ver entre aquelas paliçadas de livros e admirar a capacidade do ser humano de produzir conhecimento e conservá-lo para futuro uso, e, como consulente e escritor, eu fazer parte dessa cadeia.

(Além disso, sem ir à biblioteca, não teria me beneficiado de uma coincidência que me resolveu um problema quase insolúvel em *Estrela solitária*, como contarei mais tarde.) E, sempre dez anos atrasado em relação à tecnologia, só comecei a me beneficiar do acesso digital em 2012, nos três anos de trabalho em *A noite do meu bem*, e mesmo assim com a ajuda de minha amiga Silvia Regina de Souza, ex-funcionária da biblioteca.

Um comentário que sempre ouço sobre meus livros se refere ao "impressionante trabalho de pesquisa" que eles contêm. Embora a expressão seja dita de boa-fé, ela pode ser quase ofensiva. O que significa "pesquisa"? Para o leigo, implica que o autor se mudou para a internet ou para uma biblioteca e leu uma montanha de papel, da qual extraiu as informações com que compôs seu livro. Mas, se uma biografia só consistisse nisso, não passaria de um refogado de informações de segunda mão, já previamente levantadas e escritas por alguém e com os erros que essas informações podem conter.

A pesquisa é fundamental, mas é apenas uma etapa, o início da operação. A leitura desse material permite estabelecer uma espécie de tronco narrativo, em que se anotam resumidamente os dados básicos sobre o personagem — pais, nascimento, família, infância, educação, juventude, vida profissional, amigos, casamentos, filhos, doenças, morte —, numa ordem cronológica que facilitará o trabalho. A partir daí, cada informação nova que se capture cairá em uma ou outra dessas passagens ou entre elas. A leitura do material permite também começar a escalar um elenco de fontes a serem procuradas. Todos os nomes citados em conexão com o biografado merecem ser anotados para posterior localização e entrevista. Isso é só um esqueleto, a ser preenchido com os nervos, músculos e carnes que virão na fase da investigação. Mas é inevitável que, entre as centenas de documentos ou recortes examinados, se encontrem referências a episódios importantes e pouco explorados da vida do personagem.

Eis um exemplo tirado de *Estrela solitária*. Durante sua carreira profissional, Garrincha foi objeto de veneração por jornalistas e intelectuais, que escreveram incontáveis artigos e crônicas sobre seu gênio com a bola e aparente ingenuidade sem ela. Nenhum deles se referia à sua bebida, já sabida por muitos. Quando o futebol deu lugar à sua triste derrocada pessoal, ele continuou a inspirar artigos, já então pautados pela piedade por sua condição ou pela revolta contra os que o "tinham levado" àquele estado. Empilhados, esses artigos equivaliam a uma montanha de textos bonitos e pungentes — 90% deles irrelevantes, inclusive os produzidos pelos grandes nomes da crônica esportiva.

Por que irrelevantes? Porque o que o biógrafo está buscando nessa pesquisa não é lirismo ou compaixão, e sim fatos. Uma biografia não é uma antologia de metáforas tipo "a bola era seu mundo" ou "Garrincha era um passarinho", mas informações que possam ser verificadas e ampliadas. Claro que, no meio do material, sempre se achava alguma coisa — como uma notícia de dez linhas, sem assinatura, recortada do pé da página 18 do primeiro caderno de *O Globo* de certo dia de 1979, dizendo algo assim:

> O ex-jogador Garrincha foi recolhido ontem por populares, embriagado, às dez horas da noite, caído na rua Assim, em Bangu, e levado para o posto de saúde do bairro. O médico que o recebeu, dr. X, examinou-o e resolveu encaminhá-lo para a clínica Assado, em Laranjeiras. Garrincha foi levado em ambulância pelo motorista Y e entregue ao enfermeiro W. Está aos cuidados do dr. Z [nomes fictícios, claro].

Dez linhas de jornal, mas compactas de informação, e me brindando com quatro nomes de pessoas a procurar. O problema era que se tratava de um recorte de 1979, e eu o estava lendo em 1993 — quatorze anos depois. Aquelas pessoas estariam vivas? Onde trabalhariam? E como encontrá-las? A solução óbvia era telefonar para o posto médico de Bangu e para a clínica de Laranjeiras e perguntar. E havia então um recurso simples e à mão: o catálogo telefônico. Os nomes do motorista e do enfermeiro não constavam dele, mas o número particular dos médicos, sim. Atenderam-me muito bem ao telefone, e não apenas me reconstituíram tudo que envolvera Garrincha naquela noite como me deram notícias sobre os outros dois citados. O enfermeiro já falecera, mas o motorista continuava trabalhando no posto em Bangu — e, dali a dias, localizei-o em seu plantão. Uma despretensiosa notícia de jornal me abrira o caminho para uma história, esta, sim, pungente, com uma quantidade enorme de informações. Já em fins dos anos 70, Garrincha vivia histórias como aquela quase todos os dias.

Outro exemplo de *Estrela solitária*. Em abril de 1969, um domingo à noite, Garrincha provocou um grave acidente de automóvel na rodovia Presidente Dutra, perto de São João do Meriti. Com ele no carro, estavam d. Rosária, mãe de Elza Soares, e a pequena Sara, filha da cantora. Elza ficara no Rio a trabalho. Instável ao volante e de faróis apagados, Garrincha não viu quando um caminhão saiu do acostamento e se materializou de repente, monstruoso, diante do seu Galaxie. Ao jogar o carro para a esquerda, capotou três vezes, e sua sogra, no banco do carona e sem cinto de segurança — ainda nem sonhávamos em usar isso —, foi projetada para a estrada através do para-brisa. Garrincha teve um corte na testa, entre os olhos, Sara sofreu fraturas no braço e na perna e d. Rosária morreu na hora. Todos os jornais deram o desastre, mas só o *Jornal do Brasil* citou um motorista que, vindo logo atrás, e também num Galaxie, presenciara tudo e descera de seu carro para ajudar.

O *JB* trazia o nome dessa testemunha: José Bento de Carvalho, por acaso diretor social do Vasco da Gama. Vinte e três anos haviam se passado, mas eu tinha de tentar encontrá-lo. As chances de conseguir isso eram poucas, mas, antes de apelar para o Vasco, fui de novo ao catálogo telefônico. Não era um nome incomum e havia vários assinantes assim chamados. Mas o primeiro para quem telefonei já era ele. E, tanto tempo depois, Bento ainda se lembrava de tudo.

O Galaxie à sua frente estava a mais de cem por hora — sabia disso porque ele próprio estava correndo —, e o motorista, que ele não imaginava quem era, parecia inseguro. Ao ver o caminhão sair, Bento pressentiu o que ia acontecer e se segurou. O Galaxie bateu feio na lateral da carreta e, pelas capotagens, Bento sabia que haveria gente ferida. Desceu do carro e viu a cena: o carro com a frente destruída, uma mulher estendida na estrada com a cabeça quase separada do corpo, um homem com o rosto ensanguentado e uma criança chorando muito. O motorista do caminhão, um senhor grisalho e de idade, parecia bem. Bento dirigiu-se ao homem que conduzia o Galaxie e o reconheceu — Garrincha. Outros carros pararam para ajudar e a polícia custou, mas também chegou. Garrincha e Sara precisavam de socorro imediato. Os dois foram levados de carro para o Hospital Getulio Vargas, na Penha — a menina, por um casal, e Garrincha, por Bento.

E, então, a revelação. Segundo Bento, Garrincha não estava grogue com o choque, como os jornais tinham dado. Estava bêbedo. Numa época igualmente sem bafômetro e lei seca, todos, inclusive os médicos, a polícia e o próprio Bento, omitiram esse fato para proteger o jogador. Garrincha estava então sob contrato com o Flamengo, e sabia-se que aquela podia ser sua última oportunidade profissional. O hospital fez-lhe um curativo na testa e o liberou. Bento o levou para o Rio, para o apartamento em que ele morava com Elza, em Copacabana — ela ainda não chegara. Enquanto esperava pela artista, ligou para o Flamengo e falou com o médico e o preparador físico do clube — cujos nomes Bento também me passou e, tantos anos depois, conversei com eles e pude reconstituir a história.

Para isso serve esse trabalho inicial de pesquisa — um nome leva a outro, que leva a outro e que, por sua vez, também levará a outro. Em poucos meses, o biógrafo vê formar-se uma cadeia de pessoas que, em algum momento e sem se conhecerem, estiveram ligadas à vida de alguém importante — que podia ser Nelson Rodrigues, Garrincha ou Carmen Miranda.

Se cada entrevistado for essa riqueza de informações, como organizá-las à medida que elas são colhidas antes que fujam do controle e se percam na barafunda do material? Como não há regras sobre isso, criei um processo que, para mim, funciona bem.

Sabendo quando começa e termina a história do biografado, crio um arquivo no computador para cada ano de sua vida — Nelson Rodrigues, de 1912 a 1980; Garrincha, de 1933 a 1983; e Carmen Miranda, de 1909 a 1955. Quando trabalho com livros de reconstituições históricas, faço o mesmo com o período que, pelo que imagino, cobrirá o arco da investigação: *Chega de saudade*, de 1945 a 1970; *A noite do meu bem*, de 1945 a 1965; e *Metrópole à beira-mar*, de 1918 a 1930. Criados esses arquivos, passo a alimentá-los com as informações captadas em todas as fontes. Depois de algum tempo de apuração, descubro que posso precisar de mais alguns anos no passado e tenho de abrir novos arquivos. Para mim, a cronologia é cláusula pétrea — se toda vida tem começo, meio e fim, a história da pessoa também terá, e nessa ordem.

É a única maneira de manter o controle à medida que a apuração avança, porque, como é óbvio, as informações não nos chegam na ordem em que as coisas aconteceram. Toda apuração é uma baralhada de fatos, falas, diálogos, números e descrições, e você precisa estar preparado para recebê-los. É normal para um biógrafo conversar com três fontes no mesmo dia e cada uma cobrir uma época da vida do biografado, às vezes com diferença de décadas. Pode acontecer também que uma única fonte, numa mesma entrevista, me fale de várias fases da vida do biografado. Nos dois casos, precisarei processar mentalmente essas informações e saber onde se encaixam na história. Os arquivos ano a ano servem para isso.

Como salvar as informações antes que se dissolvam e se confundam na memória? Jogando-as em seus arquivos o mais depressa possível, não mais que algumas horas depois da entrevista, e, de preferência, numa possível ordem cronológica dentro de cada arquivo. Se você já sabe que tal fato aconteceu antes de outro, é só abrir um espaço e encaixá-lo no lugar certo. A captura de uma informação nova pode, às vezes, alterar a posição de outras dentro do mesmo arquivo. É um problema que se resolve com a simples movimentação de um bloco.

Os arquivos não devem ficar grandes demais. O ideal é que cada um não passe de 50 mil caracteres. É um tamanho que permite navegar dentro dele com conforto. Mas, dependendo do ano na vida da pessoa, alguns arquivos podem ficar enormes. Para Carmen Miranda, os anos de 1939 e 1940 foram alucinantes. Se até então sua vida no Rio era um turbilhão, ali, quando surgiu a oportunidade de sua partida para a América foi que as coisas começaram a acontecer de verdade — a ponto de cada um daqueles arquivos rapidamente extrapolar o limite dos 50 mil caracteres. Tive então de criar arquivos auxiliares, como, digamos, 1939-1, 1939-2 e 1939-3, para caber tudo o que eu ia apurando. A prática de ir ajustando cronologicamente as informações dentro de cada arquivo, à medida que este vai crescendo, pagará dividendos quando a apuração terminar e se começar a escrever o livro. Vai-se descobrir que ele estará praticamente montado — só faltando ser "escrito".

Por que as aspas em "escrito"? Porque não se deve ter a preocupação de texto final nesses arquivos. Eles só existem para receber e processar informações. Evidente que, se lhe vier à cabeça um achado, um jogo de palavras que se aplique a certa passagem, anote-o, mas só isso. Tentar "escrever" o livro antes de terminar a apuração é um erro grave e que muitos cometem. Mais adiante, no capítulo sobre a escrita da biografia, falarei extensamente sobre isso. O essencial, antes de tudo, é apurar — descobrir as informações, checá-las, estocá-las.

É com esse trabalho paciente e artesanal de investigação que o biógrafo vai construindo o quadro. Com perdão pelo óbvio, é como construir um quebra-cabeça — a imagem é batida, mas exata. Cada partícula de informação ilumina um minuto na vida do biografado e abre caminho para a informação seguinte, que posso ainda não ter, mas que, quando vier, formará um bloco. É comum que eu tenha blocos inteiros de informação cobrindo um mesmo contexto e época, mas que, pela ausência de uma peça essencial e que também não sei qual é, ainda não formem um conjunto. E não é incomum que, num trabalho tão longo como o de uma biografia, essa peça desconhecida, um mero fragmento, leve um ano para aparecer. Mas, quando aparecer, será emocionante.

Esse fragmento de informação pode vir de uma despretensiosa conversa com uma fonte ou de um simples recorte de jornal, mas, ao surgir, ele se encaixa entre as peças. Em consequência, os blocos ao redor se atraem e se imantam, e o quebra-cabeça ganha um sentido inesperado — que pode influenciar o livro inteiro. É um dos momentos mais empolgantes na construção de uma biografia e já se deu comigo várias vezes.

No livro sobre Garrincha, aconteceu com uma informação que me foi passada casualmente em Pau Grande por Rosa, sua irmã mais velha: a de que sua família era de origem indígena. De repente, isso jogou luz sobre várias informações que eu tinha e ainda não conseguia situar, como a longa migração de seus antepassados pelo Nordeste em fins do século XIX, vindos de Pernambuco em direção ao Sudeste, e o hábito de seus pais de servir a eles quando bebês — a Rosa, Garrincha e seus irmãos — mamadeiras feitas de cachaça, canela em pau e mel. Eu não sabia ainda (nem Rosa), mas aquele era um hábito dos fulniôs, o povo de que, como levei as semanas seguintes para descobrir, eles eram originários. Contarei essa história em detalhes na parte final do livro.

O surgimento de uma gota mágica de informação voltou a me bafejar no trabalho de *Ela é carioca*. O que me atraíra em Ipanema a ponto de querer dedicar-lhe um livro fora a constatação de que talvez nenhum outro bairro do Brasil no século XX tivesse reunido em sua história tanta gente criativa e rebelde em todos os departamentos. Comecei a juntar os nomes, a entrevistar gente e a aprender sobre eles, e o resultado era ainda mais impressionante do que eu pensara. A apuração já estava adiantada, e só ela seria suficiente para compor um livro. Mas, para mim, a pergunta continuava de pé: por que Ipanema, e não outro bairro, produziria essas pessoas?

Até que uma amiga, a jornalista Virginia Cavalcanti, me deu uma dica: "Ruy, já reparou na quantidade de famílias estrangeiras em Ipanema? Alemães, franceses, italianos. Todo esse pessoal chegou por aqui nos anos 20, 30, 40. Dê uma olhada." Fiz isso e ali estava a explicação. Eram pessoas vindas da Europa em busca de liberdade, paz e oportunidade. E Ipanema, em sua charmosa modéstia, não os decepcionou — recebeu-os em suas areias e ruas de terra, abriu-lhes as portas de suas casas e apresentou-os a seus nativos. Eles se juntaram, cresceram e se multiplicaram. Dessa mistura nasceu aquela que seria a Ipanema clássica, a *república* de Ipanema dos anos 50 e 60. De súbito, tudo me pareceu claro.

No caso da biografia de Carmen Miranda, a descoberta crucial foi que, nascida em Portugal e chegando ao Rio aos nove meses de idade, em 1909, Carmen morou com sua família na Lapa dos seis aos dezesseis anos. Isso foi de 1915 a 1925, o exato período em que a Lapa estava se tornando *a* Lapa — um bairro historicamente católico, com igreja, seminário, convento e colégio de freiras, que de repente se tornou também o maior centro boêmio e noturno do país, com salões de baile, hotéis, restaurantes, cafés, cabarés, cassinos e prostíbulos, e foi adotado por uma rica flora humana: jornalistas, escritores, ministros de Estado, políticos, empresários, artistas, grandes cafetinas, banqueiros de jogo, vendedores de flores, traficantes de drogas. Manuel Bandeira e Jayme Ovalle eram seus moradores, Villa-Lobos dava canjas ao piano em seus bordéis, Di Cavalcanti aprendia francês com as prostitutas e o jovem Francisco Alves era chofer de táxi com ponto em frente à igreja.

A menina Carmen crescera entre essas duas Lapas, a católica, diurna, e a boêmia, noturna. E nunca deixaria de encarná-las. No futuro, como Carmen Miranda, ela seria a estrela da 20th Century-Fox, deusa do Technicolor e rainha da malícia e da picardia. Mas, em sua identidade de mulher, continuaria a ser a Maria do Carmo que submetia seus desejos aos preceitos dos costumes e de sua fé.

Carmen queria ser mãe, mas um filho fora do casamento, por exemplo, era inconcebível na Hollywood dos anos 40 e para a Igreja de todas as épocas. Se quisesse mesmo esse filho, Carmen teria de se casar. Os anos se passaram e, em nome da maternidade, Carmen aceitou o primeiro que a pediu, um americano obscuro e oportunista. Mas o casamento resultou num aborto espontâneo e, dali, na sua impossibilidade de ter filhos. Seu casamento não só perdeu o sentido como se revelou péssimo, mas nem assim Carmen se divorciou. Por quê? Porque os católicos não se divorciavam. E, com todo o seu currículo e carreira, Carmen ia à missa com sua mãe quase todos os dias na igreja de Beverly Hills.

Ninguém parecia saber da infância e da adolescência de Carmen na Lapa. A informação estava sepultada em documentos conservados pela família e sobre os quais ninguém punha os olhos havia décadas: as certidões de nascimento de seus irmãos e os atestados de residência que, como imigrantes nunca naturalizados, seus pais tinham de renovar todo ano no consulado português. Carteiras de saúde ou de trabalho, escrituras de cartório, certidões, passaportes, cartas e até róis de roupa, tudo isso é ouro em pó para um biógrafo. Ao descobrir Carmen na Lapa naqueles primórdios, mergulhei na arqueologia do bairro. E lá, entre crônicas e memórias de seus veteranos, estava Carmen.

Durante o trabalho em *O anjo pornográfico*, uma fonte me contou sobre um possível romance de Nelson Rodrigues com a atriz Eleonor Bruno — Nonoca para os íntimos —, mãe de Nicette Bruno. Nelson a teria conhecido em 1948, durante a montagem de sua peça *O anjo negro*, em que a menina Nicette fazia uma ponta, e por isso era levada todo dia ao teatro por sua mãe. Nelson e Nonoca se atraíram, os dois começaram a se relacionar, e ele escreveu para ela uma de suas obras-primas, *Doroteia*, montada em 1950. Nonoca fazia o papel-título. Nelson se apaixonava por todas as suas estrelas, mas Nonoca talvez tenha sido a única a corresponder.

Bem, então eu precisava localizar Nonoca. Vinda de uma família do teatro, não foi difícil — sua neta Beth Goulart nos pôs em contato. Aos oitenta anos, com a memória perfeita e grande senso de humor, Nonoca me deu detalhes deliciosos de sua relação de quase dois anos com Nelson e do episódio tragicômico com que o romance terminou. Nelson era casado (com Elza, mãe de seus filhos Joffre e Nelsinho, garotos), e seus encontros com Nonoca se davam numa garçonnière mantida por ele e um colega em Copacabana. Numa tarde de 1950, enquanto os dois se aninhavam, alguém esmurrou a porta. Tiveram de abri-la, e Elza marchou pelo apartamento com os meninos, um sob cada braço. E proclamou: "Ou você vai agora para casa ou eu me atiro pela janela com os nossos filhos". Nelson murchou as orelhas e obedeceu.

Não é uma história que se ouça e vá sendo logo jogada no papel. Dali parti para confirmá-la com a outra parte envolvida — d. Elza. Ela sustentou cada detalhe, e fui então ter com os outros dois participantes, Joffre e Nelsinho, que também se lembravam muito bem do episódio. Em 1991, quando apurei esse caso, todos, exceto Nelson, estavam vivos. Como seria hoje?

A apuração é tudo. Precisa ser perseguida até o último momento, e nenhuma informação que se busque, por mais insignificante, pode ser deixada para trás. Convenci-me disso em *O anjo pornográfico*, quando, depois de entrevistar o jornalista Barbosa Lima Sobrinho, o caricaturista e compositor Nássara e o jurista Evandro Lins e Silva (respectivamente 95, 82 e oitenta anos em 1992), consegui reconstituir a estrutura física das Redações dos jornais cariocas dos anos 20 — uma aspiração minha desde que pensei em fazer aquele livro. Todos eles trabalhavam em jornal em 1929: Barbosa Lima, como redator do *Jornal do Brasil*; Nássara, como ilustrador de *Crítica*; e Evandro, como foca do *Diário Carioca*. Apesar de idosos, conservavam vitalidade e memória invejáveis. Através deles, fiquei sabendo como funcionavam aquelas Redações, como eles eram tratados pelos patrões, onde ficava o cabide para chapéus, se já trabalhavam com telefones e, já que ainda se escrevia à mão, em que espécie de papel e de que marcas eram as penas e tintas. Eles se lembravam de tudo (o papel, almaço ou aparas de papel-jornal; a pena, Mallat; a tinta, Sardinha) — exceto a marca de uma peça indispensável em qualquer Redação, escritório ou repartição no Brasil daquela época: a escarradeira.

Não ria, mas, durante boa parte do trabalho em *O anjo pornográfico*, esta foi uma terrível preocupação minha: descobrir a marca da escarradeira na Redação de *A Manhã* e *Crítica*, jornais do pai de Nelson Rodrigues. Não que fizesse diferença na descrição do ambiente e, com certeza, nenhum leitor ficaria abalado pela informação ou sentiria falta dela. Só que, como eu decidira descobri-la, não podia abandonar a tarefa. Se fizesse isso, por que não abandonar também uma informação apenas um pouco mais séria ou outra realmente importante — que diferença faria? E, nesse caso, por que não desistir logo do livro? Assim, persisti na busca, até que, um ano depois, encontrei num catálogo de móveis de escritório dos anos 20 uma oferta de escarradeiras. Fui a Nássara e ele me apontou o nome que eu procurava: Hygéa. Dei a informação no livro e, na época, nem um só leitor pareceu tomar conhecimento dela. Mas eu me senti vitorioso. Para o biógrafo, não pode haver informação irrelevante.

De fato, há informações que parecem impossíveis de conseguir, mas só se você não batalhar por elas até o apito final. A conquista de uma dessas informações me aconteceu aos 45 do segundo tempo na apuração do livro sobre Garrincha e envolveu a caçada a um documento. Em seus últimos anos de vida, Garrincha passara por várias internações por alcoolismo, a maioria só tornada possível por uma instituição formada por ex-jogadores de futebol e destinada a socorrer colegas em dificuldade: a Agap (Associação de Garantia ao Atleta Profissional), ligada ao Ministério da Educação. Fiquei sabendo que, por ocasião da morte de Garrincha, em janeiro de 1983, a Agap produzira um documento de dez páginas em que prestava contas de seu trabalho, relacionando os hospitais para onde ele fora levado, os médicos que o haviam atendido, as datas de entrada e saída e abundante descrição dos procedimentos. Eu já sabia de algumas dessas internações com base no noticiário dos jornais, mas, se esse documento existisse, precisava consegui-lo de qualquer maneira.

Fui à Agap, em seu novo endereço, na rua das Marrecas, porém não podiam me ajudar. A associação acabara de se mudar da Urca para a Cinelândia, e seus arquivos, ainda trancados nos contêineres, estavam inacessíveis. Dois dos diretores com quem falei, Gilbert, ex-jogador do América dos anos 60, e Otavio de Moraes, histórico artilheiro do Botafogo de 1948, recomendaram-me evitar a burocracia do MEC e procurar a Federação Carioca, para onde haviam mandado uma cópia do documento. Fui à federação e lá se lembravam da cópia, mas tinham-na encaminhado para a CBF — cujos funcionários, também procurados, não sabiam onde estava arquivada. Assim é o Brasil, não?

Depois dessa, concluí que, esgotadas todas as possibilidades, teria de me contentar com as informações que já conseguira e que eram, de todo modo, consideráveis. Dediquei os meses seguintes a escrever o livro e, depois de submetê-lo à última canetada, dei-o por fechado. Mas, uma semana depois, antes de entregá-lo à editora, lembrei-me de outro ex-jogador integrante da Agap e com quem eu não falara sobre o relatório: Felix, ex-goleiro do Fluminense e da seleção de 1970. Meu amigo Antonio Roberto Arruda conseguiu-me seu telefone em São Paulo e liguei:

"Felix, você conhece um documento da Agap sobre as internações finais do Garrincha?"

"Conheço."

"Sabe quem pode ter uma cópia?"

"Cópia não sei. Mas o original está comigo."

Ao ouvir aquilo, concluí que, em alguma nuvem no espaço, entre papiros mofados, rolos de pergaminhos e velhas encadernações em marroquim, vive um santo de barbas brancas dedicado a socorrer biógrafos desamparados. Os biógrafos que vão à luta, claro. Felix passou-me o documento por fax. Reabri o livro, completei-o com as novas informações e só então me dei por satisfeito com *Estrela solitária*.

A descrição do triste fim de Garrincha em *Estrela solitária* corresponde, espero, ao esforço despendido na apuração. É o que torna uma biografia diferente do trabalho para um jornal ou revista. Neste, o repórter raramente dispõe de mais do que alguns dias ou semanas para investigar o assunto e menos ainda para escrever, e tem de aprender a se virar nessas limitações. O biógrafo trabalha com outra escala de tempo — de meses ou anos. Mas, mesmo que uma biografia leve dois, três ou cinco anos de trabalho, 70% desse tempo terá de ser dedicado à apuração. Foi o que aconteceu com *O anjo pornográfico* (que me tomou dois anos), *Estrela solitária* (três) e *Carmen: uma biografia* (cinco), tempo em que desenvolvi, para uso próprio, uma série de regras para me tornar mais eficiente.

Aprendi, por exemplo, que quanto mais importante a fonte, mais tempo eu deveria levar para procurá-la. A ideia é que, por ser tão importante na vida do biografado (exemplo: Elza Soares numa biografia de Garrincha), essa fonte terá sido bastante explorada pelos outros que já escreveram sobre o personagem. Isso fazia com que, cansada de dar entrevistas (quase sempre compostas das mesmas perguntas), essa fonte já tivesse calcificado determinado discurso, que passara a repetir de forma mecânica. Para não cair nesse visgo, eu precisaria estar mais do que preparado — de posse de uma quantidade de informações de modo a driblar esse discurso e encaixar perguntas inesperadas.

Daí, quando comecei a apuração para *Estrela solitária*, decidi esperar pelo menos um ano antes de procurar Elza Soares. Mesmo porque, segundo soube por Edgar Cosme e Manuelzinho Vaz, dois antigos empregados do casal, Elza estava farta de repórteres que só a viam como a "grande paixão do Mané" e não pareciam interessados em sua carreira. Carreira esta que, em 1994, estava longe de viver um bom momento — o mercado e o público pareciam tê-la abandonado. Para piorar, muita gente ainda acreditava que fora Elza quem "levara Garrincha a beber" e "o destruíra". Vários motivos, portanto, para que eu esperasse o momento certo e, quando ele chegasse, a convencesse de que, mesmo se tratando de um livro sobre Garrincha, ela teria amplo espaço para contar sua história.

Em meados de 1994, ao decidir que estava pronto para começar a ouvi-la, eu sabia que a primeira sessão seria decisiva. Convencê-la a me receber foi fácil — sem compromissos, sem viagens e sem nenhum disco no horizonte, Elza tinha tempo de sobra. Eu precisaria apenas quebrar possíveis resistências e levá-la a confiar em mim. Para isso, ao elaborar a pauta, fiz das primeiras quinze ou vinte perguntas uma espécie de aquecimento antes da partida. Eram perguntas sobre ela e sua vida, perguntas a que ela gostaria de responder e que demonstrariam meu interesse por sua pessoa. Depois, sim, começariam as perguntas para valer.

Dias depois, Elza me abriu a porta de seu apartamento em Copacabana, de poucos móveis e espartanas dimensões. Apliquei-lhe as primeiras perguntas, a que ela respondeu com certo automatismo — deprimida, nem o passado parecia empolgá-la —, e só então, depois de delicadamente introduzir o biografado na conversa, entrei com uma pergunta que ela não esperava ouvir — sobre Garrincha, em 1977, já num estágio terminal de alcoolismo, jogando o filho de ambos, Garrinchinha, ainda bebê, a um metro para o ar. E, quando ela tentou retomá-lo, foi agredida pelo marido pela primeira vez, com um tapa que poderia ter atingido o garoto. Ninguém presenciara a cena. Como eu podia saber?

Elza ouviu sem acreditar a descrição detalhada que lhe fiz daquela passagem de sua vida. E, então, explodiu e começou a chorar. Eu a ganhei ali.

A história me fora contada por Edgar Cosme, ex-empregado de Garrincha e Elza nos anos 60 e a quem Elza recorrera para se consolar. No passado, o casal contava com dois homens de confiança: Cosme e Manuelzinho. Eram o que se chamava de faz-tudo, desde lavar a roupa, cozinhar e espanar os móveis até dirigir o carro, descontar cheques e pagar contas. Tinham intimidade completa com eles — afinal, ouviam suas confidências e esfregavam suas calcinhas e cuecas. Cosme se dedicava mais a Elza, e Manuelzinho a Garrincha. Talvez por ciúme, não gostavam um do outro, o que fazia com que, ouvindo-os em separado, eu tivesse sempre os dois lados da história. Em 1977, quando aconteceu o episódio do tapa, já não trabalhavam para o casal, mas sabiam tudo da vida deles — os próprios Garrincha e Elza lhes contavam. Suas informações (e de pessoas que eles me indicaram) foram decisivas para a elaboração de uma lista de quase quinhentas perguntas que fiz a Elza nas cerca de dez sessões de entrevistas pessoais e em inúmeros telefonemas a qualquer hora. Ela sempre me atendeu bem.

As perguntas obedeciam a critérios de cronologia e assunto. Cada pergunta deveria levar a outra e todas davam várias voltas em torno de cada tema. Em algumas, já antecipando a provável resposta de Elza, eu engatilhava o necessário repique. Se certa resposta fosse positiva ou negativa, a pergunta seguinte seria de acordo com essa resposta. Claro que tal esquema nem sempre podia ser seguido, porque às vezes Elza me surpreendia. Nesses momentos, diante de uma informação nova, o biógrafo precisa improvisar.

A riqueza de detalhes sobre a relação de Elza e Garrincha em *Estrela solitária* é fruto dessas conversas e, sem que ela soubesse, de intensa checagem por fora. Se eu a tivesse entrevistado no começo da apuração, jamais haveria aquele rendimento. Fiquei contente de ouvir da própria Elza, quando a Assembleia Legislativa do Rio a homenageou alguns anos depois, que sua vida recomeçara a partir do meu livro. As palavras dela estão registradas nos anais.

A entrevista é, talvez, a principal ferramenta do biógrafo. É a informação em primeira mão, aquela que não passou por nenhum intermediário anterior, escrito ou impresso. É passível de erros, omissões e "esquecimentos", claro, mas os documentos escritos também são. Pode ser feita por telefone ou por qualquer meio eletrônico, mas nada substitui o olho no olho. A imprensa a pratica desde meados do século XIX e, nesses cerca de 150 anos, desenvolveu técnicas que ajudaram a aperfeiçoá-la. O biógrafo pode e deve se beneficiar dessas técnicas. Mais sobre isso adiante.

O que se vai extrair de uma boa entrevista já começa pela postura do biógrafo ao conversar com a fonte: ele precisa demonstrar respeito e segurança. Respeito porque a pessoa com quem se vai falar não tem obrigação de recebê-lo e, como aceitou fazer isso, merece consideração. E segurança porque, se chegarmos com excesso de reverência a um entrevistado, ele se porá de pé e de perfil, alçando a fronte e clicando os calcanhares, como se fosse falar para a posteridade. Na verdade, é de fato o que ele vai fazer — falar para a posteridade.

Você dirá que, com certos entrevistados, é impossível não ser reverente. Como ficar neutro na presença de Tom Jobim? Pois posso garantir que não havia nada mais fácil. Tom era um entrevistado aberto e generoso. Seu humor e sua simplicidade, temperados em centenas de entrevistas, eram infalíveis para quebrar o gelo. Você dirá que talvez fosse fácil para mim, porque Tom provavelmente me conheceria. E eu responderei que, nas muitas vezes em que estive com ele — várias a trabalho —, nunca senti diferença entre essas ocasiões e a primeira vez que o entrevistei, numa tarde de fins de março de 1968, para a revista *Manchete*. Tom me recebeu, primeiro em sua casa, na rua Codajás, na Gávea, e depois, por sua sugestão, fomos para o bar Veloso, em Ipanema, onde nos sentamos a uma mesa de calçada e a conversa se prolongou por horas, entre muitos chopes, sem que ninguém nos interrompesse. O importante é que, naquele dia, eu era um fedelho de vinte anos recém-feitos, e ele, aos 41, já era Tom Jobim — acabara de chegar dos Estados Unidos, onde gravara um disco com ninguém menos que Frank Sinatra.

Não ser reverente é uma coisa. Tomar liberdades e contar com uma intimidade que ainda não se estabeleceu é outra. Por menos que Tom Jobim posasse de "Tom Jobim", não seria de bom-tom o entrevistador afagar-lhe jocosamente a barriga e dizer que ele precisava perder uns quilos. Por outro lado, uma entrevista não é um interrogatório policial. A conversa deve ser tão natural quanto cordial, e esse equilíbrio é importante para que o entrevistado não se sinta como se estivesse nos fazendo um favor. E, no caso de o entrevistado e eu nunca nos termos visto, costumo começar por contar-lhe um caso que tenha a ver com ele ou envolvendo um possível amigo ou conhecido em comum — algo que ele ache engraçado e faça com que, embora pareça que ainda estamos nos preparando para a entrevista, esta, sem que ele perceba, já começou.

E, então, a pergunta fatal: usar ou não um gravador?

Cada um tem sua maneira de trabalhar, mas, pessoalmente, até hoje só usei gravador nas longas entrevistas que fiz para revistas, como as antigas *Playboy* e *Status*, em que o formato pingue--pongue — pergunta e resposta — era obrigatório. Já nas entrevistas para minhas biografias, sempre me limitei a bloco e caneta e tinha boa razão para isso: as pessoas reagem de maneira diferente a um gravador. Para os famosos, habituados a conceder entrevistas, ele é inexistente. Para muitos, no entanto, pode ser terrivelmente inibidor.

Eis um exemplo tirado da experiência em *Estrela solitária*. Uma coisa era conversar sobre Garrincha com Didi, Zagallo e Nilton Santos, três estadistas do futebol, calejados de Copas do Mundo e que nunca estiveram no ostracismo. Outra era entrevistar alguns de seus colegas menos afortunados, jogadores de menor expressão, já velhos e esquecidos em seus subúrbios por mais de trinta anos. Para estes, uma entrevista, qualquer uma, era um acontecimento. Se, ao começar os trabalhos, eu depositasse sobre a mesa um gravador (mesmo daqueles antigos, pequenininhos, de repórter), eles se poriam em alerta na mesma hora. Tenderiam a falar difícil e a tentar colocar corretamente os pronomes, perderiam a espontaneidade e, com isso, adeus, entrevista. Você argumentará que, hoje, com os gravadores embutidos nos celulares, ficou mais fácil usá-los sem dar na vista. Não tenho tanta certeza — a suspeita de estar sendo gravado continuará pairando no ar.

Bem, se eu não usava gravador, como fazia? Anotava à mão. Mas de maneira rápida, discreta, casual, como se estivesse jogando no papel um lembrete, uma palavra isolada. Não é tão difícil, desde que — e aí está o segredo — sua pauta esteja bem preparada. Para começar, nem todas as perguntas para uma biografia exigem respostas longas ou de transcrição literal. Às vezes, mesmo que o entrevistador se alongue na pergunta — o que só é aconselhável em momentos especiais —, a resposta será um sim ou não. Outras respostas, talvez mais delicadas ou comprometedoras, precisarão de fato ser anotadas extensamente, e, nesse caso, alguns entrevistadores criam uma espécie de taquigrafia própria, só entendida por eles.

O importante é que, assim que possível, logo depois da entrevista, as anotações sejam jogadas no computador enquanto as palavras do entrevistado estão frescas na memória e você próprio ainda consegue decifrar a sua letra.

Minha convicção sobre não ser obrigatório anotar respostas literais se deve a que, numa biografia competente, as informações nem sempre devem aparecer na boca da fonte, e sim no corpo do texto, na voz do narrador invisível e onisciente — que é o biógrafo. Se ele acredita na informação, deve assumi-la como sua e tornar-se responsável por ela. Isso não apenas preserva o anonimato da fonte como confere mais autoridade ao que se está narrando.

Quanto à técnica da entrevista, como antecipei, alguns profissionais desenvolveram truques próprios para conduzi-la, de forma a extrair o máximo de cada resposta. Eis doze desses truques:

1. *Nunca pergunte o óbvio*. Não há perdão para quem começa uma entrevista com "Onde e quando você nasceu?". Isso é pergunta de escrivão de delegacia. O biógrafo tem obrigação de chegar sabendo as informações básicas.

2. *Faça apenas uma pergunta de cada vez*. Uma pergunta que se

desdobra em várias ou que tenha outras embutidas se torna um cacho de perguntas, difíceis de responder. Além disso, permitirá ao entrevistado só responder à última pergunta ou àquela que lhe for mais conveniente. Infelizmente, muitos repórteres, sobretudo da TV, desconhecem essa regra fundamental.

3. *As perguntas devem ser curtas e objetivas e terminar com um ponto de interrogação.* Perguntas longas, repetitivas e muito explicadas geram respostas vagas, subjetivas ou mesmo falsas — porque dão tempo ao entrevistado para pensar. Às vezes, se for o caso de espremer um entrevistado recalcitrante, quanto mais curta e rápida a pergunta, mais sem defesa será a resposta. E, quanto ao ponto de interrogação, não estou brincando. Alguns entrevistadores, em vez de fazer uma pergunta, elaboram uma formulação complexa, quase uma dissertação, e, de repente, param e ficam à espera de que o entrevistado a prossiga. Os entrevistados mais vaidosos mordem a isca. Os mais espertos fingem escutar com grande interesse e ficam calados — à espera do dito ponto de interrogação.

4. *Aprenda a escutar.* Isso significa jamais cortar ou interromper o entrevistado, a não ser em casos excepcionais. Mesmo quando se percebe que ele está mentindo, o correto é deixá-lo ir tão longe na mentira quanto ele quiser antes de dar-lhe a entender que não estamos nos deixando enganar.

5. *Não tente corrigir o entrevistado.* No caso de ele cometer um óbvio equívoco numa resposta, jamais o corrija de imediato. Se entrevistador faz isso, arrisca-se a perder a chance de ouvir algo que pode lhe ser útil. Exemplo: na apuração para meu livro sobre Carmen Miranda, uma entrevistada — uma cidadã da Urca, senhora já acima dos oitenta, chiquérrima e lindamente lúcida — propôs contar-me em detalhes "o casamento de Carmen, em 1940, no Rio, aqui na igrejinha da Urca", a que tinha comparecido. Mas ela se enganara: quem se casara em 1940 no Rio, na igrejinha da Urca, fora Aurora Miranda, irmã de Carmen — esta só se casaria sete anos depois, e na Califórnia. Era um lapso, um desvio da memória, nada intencional. Percebi-o assim que ela começou a falar, mas fi-

quei quieto, não acusei o erro. Ouvi-a com a maior atenção, anotando tudo, e, com isso, ganhei uma fabulosa descrição do casamento de Aurora, do qual Carmen de fato participou, mas como madrinha. Minha entrevistada só errara de noiva! Quando ela terminou, agradeci e apontei-lhe delicadamente o erro — com o que foi grande o seu constrangimento, logo desfeito por uma risada: "Puxa! Que memória a minha, hein?". Se eu a tivesse corrigido de saída, ela teria se constrangido do mesmo jeito e seu relato não teria sido tão rico.

6. *Não queira preencher possíveis "brancos"*. Em toda entrevista pode acontecer de, de repente, no meio de uma resposta, o entrevistado perder o fio condutor e parar de falar. Dá-se aquele silêncio. Um segundo de "branco" numa entrevista parece levar um minuto para passar, e não é incomum que o entrevistador se sinta na obrigação de tapar o buraco. Mas ele não deve fazer isso. Ao contrário, deve deixar que o entrevistado se dê conta e se incomode com o "branco" — no que, ao falar, se arrisca a dizer algo que não estava em seus planos. Da mesma forma, ao sentir como terminará uma resposta do entrevistado, já dizê-la por ele e passar para a pergunta seguinte. *Nunca* se deve fazer isso. Como você pode garantir que ele terminará ali a resposta?

7. *Não há problema em repetir uma pergunta*. Se não ficar satisfeito com uma resposta, deixe passar algum tempo e refaça a pergunta com outra formulação. Algum tempo tanto pode ser um intervalo de uma ou mais horas na sessão ou de dias entre uma sessão e outra. Tive casos de declarações delicadas por parte de entrevistados que me fizeram voltar a eles seis meses depois com a mesma pergunta — para me certificar de que dariam a mesma resposta.

8. *Pergunte com naturalidade*. Mesmo que tenha acabado de consultar sua pauta para saber qual a próxima pergunta, não a formule como se a estivesse lendo. Pode-se aproveitar uma resposta do entrevistado para passar os olhos na pergunta seguinte e enunciá-la de maneira aproximada, mas efetiva.

9. *Não tenha medo de improvisar*. A pauta não é uma partitura de

Wagner, a ser executada à risca. Admite — às vezes exige — improvisações, como a de subverter a ordem de uma ou mais perguntas. No caso de o entrevistado dizer algo imprevisto e isso significar um novo ângulo importante a explorar, é sua obrigação improvisar. Mas sempre tendo em mente que é importante voltar à ordem original.

10. *Deixe o almoço ou jantar para depois*. É uma falsa boa ideia entrevistar alguém durante um almoço ou jantar. O que você quer de seu entrevistado são respostas às suas perguntas, não um show de mastigação, e é impossível ter as duas coisas ao mesmo tempo.

11. *Revise a entrevista assim que puder*. No caso de a entrevista ser gravada e exigir mais de uma sessão, aproveite o intervalo entre elas para ouvir a gravação e certificar-se de que todas as respostas foram satisfatórias e conferir se alguma precisará de aprofundamento.

12. *Seja profissional*. Caso você seja homem, e na hipótese de sua entrevistada ser uma Brigitte Bardot aos trinta anos ou uma Candice Bergen aos vinte, não faça caras e bocas tentando conquistá-la. É contra as regras do jogo. Palavra de quem já entrevistou Kim Novak, Natalie Wood, Catherine Deneuve e Sylvia [*Emmanuelle*] Kristel.

Ao começar a trabalhar com livros, em 1988, eu já tinha no cinturão dezenas de entrevistas para revistas como *Playboy* e *Status*, cada qual tomando semanas de preparação, execução e edição. A diferença é que, com a revista nas bancas, a missão se completava — até perdi de vista alguns dos entrevistados. Já um livro toma anos de trabalho e convém manter todas as fontes no horizonte, pelo menos até o livro sair. E, como já disse, o contato com certos entrevistados precisa começar muito antes do primeiro encontro com eles. Em *Chega de saudade*, também levei mais de um ano me preparando para falar com João Gilberto. Não porque tivesse medo dele.

E não que não devesse. Em 1989, João Gilberto estava afastado de quase todos os seus companheiros da Bossa Nova. Deixara de falar havia mais de duas décadas com Tom Jobim, Carlos Lyra, Roberto Menescal, Ronaldo Bôscoli, Nara Leão, Luizinho Eça, Johnny Alf, Baden Powell, Os Cariocas. Não que tivesse rompido com eles — apenas deixara de procurá-los e eles também não pareciam ansiosos para retomar o contato. Entre os poucos do passado que iam vê-lo em seu flat no Leblon estavam sua ex-mulher Miúcha, Oscar Castro Neves, João Donato, Moacir Santos, Sergio Ricardo e, talvez para surpresa de muitos, Geraldo Vandré. E alguns veteranos ainda se lembravam — sem muita saudade — do que significava ser amigo dele.

Meio sério, meio de brincadeira, Menescal me avisou: "Se ainda não falou com João Gilberto, cuidado. Ele hipnotiza pelo telefone. Quando começa a falar, ninguém resiste e acaba fazendo qualquer coisa que ele pedir — como ir de madrugada ao estacionamento do apart-hotel para trocar o pneu do carro dele, mesmo que ele não vá sair."

Achei engraçado. Para ficar só em alguns, eu já conversara com Guimarães Rosa, Nelson Rodrigues, Jorge Luis Borges, James Stewart, Quincy Jones, Tony Bennett, Carlos Lacerda, Juscelino Kubitschek, Jânio Quadros, muitos outros, e nenhum me hipnotizara. Como João Gilberto poderia fazer isso?

Meses depois, dei-me por preparado — uma lista com dezenas de perguntas e de possíveis tópicos a explorar — e telefonei para João Gilberto. Ele atendeu a ligação. Identifiquei-me e disse que estava trabalhando em um livro sobre a música popular brasileira. Note-se que, então, ainda eram raros os livros sobre o assunto e, por via das dúvidas, não falei em Bossa Nova, no caso de ele, como muitos outros, não gostar de ser associado a ela. Falei que estava tentando reconstituir a cena musical dos anos 40 e 50 e fazendo "como os americanos" — conversando com os grandes nomes da época. E, equilibrando-me entre ser sincero e mentir um pouco, acrescentei que ele, como o artista mais importante do Brasil, tinha de ser o primeiro a ser procurado. Durante essa introdução, João Gilberto ficou em silêncio, presumivelmente escutando — ou assim eu pensava. Quando terminei, ele disse, devagar e baixinho, com voz de travesseiro:

"Que bom, Ruy! Esse livro vai ficar maravilhoso! É assim que se faz! Você me parece tão capaz! Tenho certeza de que vai ser uma maravilha!" E não parava com os elogios, francamente exagerados — afinal, nem me conhecia — e no tom de voz de quem acaricia o tímpano do ouvinte com um cotonete embebido em mel.

Por fim, ele fez uma pausa e, quando recomecei a falar, ouvi-me dizendo, devagar e baixinho, no seu tom de voz:

"Mas você acha mesmo, João? Tem certeza? Você acha mesmo que vai ser uma maravilha?"

Eu estava entoando igual a ele.

Menescal tinha razão: João Gilberto me hipnotizara por telefone. Se me dissesse para ir ao Aeroporto Santos Dumont buscar um peixe que ele mandara vir da Bahia, eu nem discutiria. Entendi ali o poder que ele exercia sobre algumas pessoas, fazendo com que elas passassem a lhe dedicar a vida e prestar toda espécie de serviços, mesmo os mais absurdos.

Recuperei-me e fui em frente. Minha intenção era falar com ele por telefone, quantas vezes fosse possível. E, já naquela primeira conversa, imagino tê-lo impressionado ao mencionar gente que ele admirava, como Os Anjos do Inferno (o conjunto vocal que lançara "Doralice" e "Bolinha de papel"), o compositor e cantor Janet de Almeida (e pronunciando corretamente o nome Jané) e o americano Page Cavanaugh, líder do trio vocal-instrumental lançador do fox "All of Me", que, transformado por Haroldo Barbosa em "Disse alguém", fora gravado pelos Garotos da Lua, o grupo que o trouxera da Bahia em 1950. Todos aqueles — Os Anjos do Inferno, Janet de Almeida, Page Cavanaugh, Haroldo Barbosa, os Garotos da Lua — eram gente do seu passado e sobre quem ele não devia ter muitas oportunidades de conversar (em 1989, deles poucos se lembravam). E como eu sabia que ele os admirava tanto? Porque eu passara os últimos meses em conversa com Jonas Silva, o próprio cantor dos Garotos da Lua que ele substituíra e que se tornaria, por algum tempo, o seu melhor amigo no Rio. Fora Jonas quem lhe falara de Janet de Almeida e Page Cavanaugh, assim como o apresentara a seu ídolo Lucio Alves, na Rádio Tupi. E mencionar de passagem o nome de Jonas me ajudou a ganhar a confiança de João Gilberto. Comecei a lhe telefonar uma vez por semana. Ele estava sempre disponível, e nossas conversas foram uma experiência e tanto para mim. Eram telefonemas de quatro, cinco horas de duração, em que, ao lhe perguntar exclusivamente sobre música, eu deixava que a conversa resvalasse em alguns assuntos pessoais. Por exemplo, sua temporada na casa de sua irmã Dadainha, em Minas Gerais, em 1955 — que nunca tivera até então um registro escrito e talvez o incomodasse, por lembrar-lhe um momento difícil de sua vida. Mas, ao fazer uma menção casual ao assunto e ver que ele não reagira mal, avancei no episódio do banheiro — aparentemente, criara a batida da Bossa Nova ao se trancar com seu violão no banheiro da casa da irmã —, sobre o qual ele falara para os ex-colegas dos Garotos da Lua. E, talvez excitado pela importância daquela passagem, João Gilberto desfiou-me ele próprio músicos e cantores que lhe tinham vindo à cabeça naquele momento e que o ajudaram a compor o elenco que o influenciara. A mesma abertura permitiu que ele me descrevesse sua formação musical em Juazeiro, ouvindo os discos que saíam de um alto-falante no meio da praça, antes da vinda para o Rio, e, anos depois, sua também longa estadia em Porto Alegre, no primeiro semestre de 1955, quando seduziu metade da cidade com seu charme.

Foram oito telefonemas, dois dos quais partiram dele — "Ruy, é João". Nunca nos vimos em pessoa e jamais insinuei que queria visitá-lo, nem precisava. O que eu queria dele eram detalhes sobre sua trajetória, sem deixá-lo perceber que, ao falar de música, ele estava me contando sua história. Citava gravações de artistas brasileiros, franceses e americanos que o haviam marcado e, sem muita provocação de minha parte, parava de falar e começava a cantá--las exatamente como as ouvira nos discos. Sua memória musical era fora do comum — lembrava-se do menor fragmento de arranjo ou torneio de voz do cantor (Sinatra, Doris Day, Charles Trenet) em cada um deles.

Estávamos falando de gravações de 1948, 49 e 50, lançadas originalmente em discos de 78 rpm, muitas das quais até então nunca reeditadas em qualquer outra mídia. Algumas delas: "Pra que discutir com Madame?" e "Por essa vez passa", com Janet de Almeida; "Eu sambo mesmo" e "Lá vem a baiana", com Os Anjos do Inferno; "Caravana" e "In the Mood", com os Garotos da Lua (anteriores a sua entrada no conjunto); "What Is This Thing Called Love", com Artie Shaw e o conjunto vocal Mel-Tones, liderado pelo jovem Mel Tormé; "Tea for Two" e "Just a Gigolo", com o acordeonista e cantor Joe Mooney; "The Three Bears" e "All of Me", com o Page Cavanaugh Trio; "Day in, Day out", com Frank Sinatra; "Too Marvelous for Words", com Doris Day; e muitos outros.

Sabendo que não tinha vitrola de 78 rpm ou toca-fitas em casa, ele não devia escutar aquelas gravações havia pelo menos quarenta anos. E como eu podia garantir que as estava reproduzindo à perfeição? Porque, graças a Jonas Silva, Cravinho e outros que me tinham fornecido cópias em cassete dos originais, eu passara a conhecê-las nota por nota.

João Gilberto era a sua própria vitrola.

Na fase de apuração das informações, o grande desafio é a busca das pessoas que conheceram o biografado e tiveram alguma relação com ele, profissional, familiar, pessoal, comercial, política, de amizade (ou inimizade) e até amorosa. Dependendo do universo que se está retratando, muitas delas serão pessoas de setenta, oitenta, noventa anos, que não ficaram famosas, ninguém sabe onde moram, não têm telefone e estão desaparecidas há décadas. Algumas obrigam a que se contate muita gente até que se chegue a elas, num esforço que desafia a persistência do biógrafo.

Em *Estrela solitária*, levei dois anos para localizar Araty, o lateral direito do Botafogo que descobrira Garrincha acidentalmente numa pelada de domingo em Pau Grande, em 1953 (essa era a data oficial), e que, segundo a lenda, o levara para General Severiano, o quartel-general botafoguense, no dia seguinte. Quem não sabia dessa história? Eu já a lera dezenas de vezes, mas, mesmo assim, queria ouvi-la de Araty. Para descobri-lo, tive de passar por seis ou sete pessoas, cada qual me encaminhando a alguém, até que cheguei a sua filha Daisy, secretária de um colégio em Botafogo. Ela me deu o endereço de Araty em Vaz Lobo, na Zona Norte do Rio, e só então, em sua casinha, ouvi dele, surpreso, que não levara Garrincha ao Botafogo na famosa segunda-feira — porque, naquele dia, ele, Araty, viajara com a seleção brasileira para o Campeonato Pan-Americano no Chile. Só que o Pan-Americano, vencido pelo Brasil, fora em março de 1952! Então Garrincha fora descoberto em 1952, não 1953! E só chegara ao Botafogo em junho de 1953. Havia um buraco quase de um ano e meio na lenda — e, nesse caso, o que Garrincha fizera durante aquele tempo, entre 1952 e 1953, e quem o encaminhara realmente ao Botafogo? Quando se tem as perguntas, não é impossível descobrir as respostas.

Mas, assim como se luta com sucesso por uma fonte importante, pode-se perder outra por subestimar o destino. Durante os dois anos de trabalho em *Ela é carioca*, eu poderia ter falado com Albino Pinheiro a qualquer momento. Ele era o fundador da Banda de Ipanema e memória viva do bairro, e já dissera que me atenderia quantas vezes fosse preciso. Em 1999, eu o via passar todos os dias, gordo, saudável, a caminho da praia, de sunga e camisa aberta, 65 anos aparentando quarenta, e não via motivo para marcar logo o nosso primeiro encontro. De repente, o coração o traiu, certamente acenando-lhe com uma cerveja. Perdi Albino por poucas semanas e, desde então, passei a levar mais em consideração a idade e o estado de saúde de minhas fontes.

Minha ideia ao biografar Carmen Miranda sempre foi dar o máximo peso à sua infância e adolescência cariocas na década de 20 e à espetacular carreira brasileira nos anos 30. Era uma fase ignorada pelos livros que já existiam a seu respeito e eu sabia bem por quê: pela dificuldade de encontrar informações sobre essa época. Em comparação, sua fase americana era facílima de apurar e, talvez para a maioria dos leitores, mais fascinante — quem não preferiria ler sobre ela ao lado de Betty Grable, Groucho Marx ou Jerry Lewis? Mas me impus um desafio: ou eu levantaria primeiro tudo sobre a Carmen brasileira ou não faria o livro.

O problema eram as fontes. Carmen se mudara para os Estados Unidos em abril de 1939. Uma pessoa que a tivesse conhecido no Rio antes disso e pudesse me falar sobre ela precisaria ter, em 1939, um mínimo de dezenove anos, até para ter idade de vê-la cantar no Cassino. Como já estávamos em 2000, alguém de dezenove anos em 1939 teria nascido em 1920 e já estaria com oitenta. Eu me perguntava: onde vou achar tanta gente de oitenta anos ou mais para colher depoimentos? E, se encontrar alguém, estará em condições de me dizer alguma coisa?

Mas não desanimei e resolvi começar pelo mais fácil. Fui conversar com Jorginho Guinle, então com 85 anos e ainda toda a memória do mundo. Eu sabia que ele convivera com Carmen em Hollywood nos anos 40 e talvez a tivesse conhecido no Rio antes que ela fosse embora. "Claro", disse-me Jorge. "Conheci-a em 1935, quando Carmen fez uma temporada aqui no Cassino do Copa." O *aqui* se referia ao fato de Jorge ter me convidado a encontrá-lo no Copacabana Palace, o antigo hotel de sua família, e estarmos conversando numa sala não muito distante dos salões do cassino onde Carmen se apresentara 65 anos antes!

"Ficamos muito amigos", ele continuou. "Eu tinha vinte anos e ela um pouco mais [tinha 26]. Depois nos reencontramos muitas vezes em Nova York, em 1940, e em Hollywood, a partir de 42."

Passei uma manhã com Jorge e, além de várias informações, ele me deu quatro ou cinco nomes de pessoas da sua geração que também haviam privado com Carmen no Rio. Falei com todas elas e saía de cada uma com mais quatro ou cinco nomes para entrevistar.

Claro que alguns problemas eram intransponíveis. Todos os membros originais do primeiro Bando da Lua, que embarcaram com ela para a América em 1930 — Aloysio de Oliveira, Ivo, Vadeco, Helio e os irmãos Stenio e Affonso Ozório — já tinham morrido. Mas ainda alcancei, viva e lúcida, Andrea, viúva de Stenio, o mais fiel amigo de Carmen na época, e ela própria camareira oficial de Carmen nas turnês. Para minha tristeza, Aurora, irmã de Carmen, aos 88 anos em 2003, já estava inacessível, em avançado estágio da doença de Alzheimer. Mas conheci outra irmã de Carmen, Cecília, noventa anos em 2003 e também vítima de uma demência senil, mas numa fase comparativamente inicial.

Naquele ano, ao observar a convivência de Heloisa Seixas com sua mãe já subjugada pela mesma doença — em 2007, Heloisa publicaria seu tocante *O lugar escuro*, dedicado ao assunto —, aprendi como lidar com uma pessoa em tal condição. Para extrair respostas de d. Cecília, tinha de fazer-lhe perguntas curtas, à queima-roupa. "O que havia no térreo da sua casa, d. Cecília?" "Um armazém." "Quem tinha mais namorados, a senhora ou a Carmen?" "Era Aurora." "A senhora queria cantar no rádio?" "Não, queria casar." Qualquer pergunta mais longa e elaborada — exemplo: "D. Cecília, na época em que sua mãe dava pensão na travessa do Comércio para as pessoas que trabalhavam ali em torno da praça XV e a Carmen já estava ficando famosa..." — a deixava confusa. Mas, à sua maneira, ela conseguiu me descrever a única vez em que as três irmãs Miranda gravaram um disco juntas: a marchinha "Alô, alô, Carnaval", para o Carnaval de 1936, na Odeon. Só que ninguém ficou sabendo porque seu nome e o de Aurora não saíram no selo do disco, só o de Carmen.

Cinco anos depois, eu já achara mais de oitenta amigos ou contemporâneos de Carmen no Brasil, todos entre oitenta e 95 anos. Um deles foi Jane Frick, professora de ginástica de Aurora e com quem Carmen, a antiginasta por excelência, às vezes também se exercitava. Outros, Dorival Caymmi, o cantor Roberto Paiva, a pianista Olga Praguer Coelho, a nadadora Maria Lenk. O melhor foi outro cantor, Jonjoca, metade da então famosa dupla Castro Barbosa e Jonjoca, amigos e vizinhos de Carmen na travessa do Comércio em 1932. Jonjoca tinha dezenove anos e era apaixonado por Carmen. Esta, aos 23, poderosa e muito mais experiente, sabia disso e só via nele um amigo. Mas, certo dia, Carmen deu-lhe de maldade um beijo arrebatador. Ao ver sua boca sofregamente engolida por ela, com direito a língua e trilha sonora, Jonjoca quase desmaiou. E Carmen, ao desprender-se, dobrou-se de rir. Muitos anos depois, ao me contar a história, Jonjoca acrescentou:

"Foi uma maldade da Carmen, porque ela sabia que nunca haveria outro beijo. Estávamos em 1932. Hoje é 2004. Já se passaram 72 anos. E quer saber? Ainda consigo sentir o gosto da boca da Carmen."

Eu estava falando com um homem que fora beijado arrebatadoramente por Carmen Miranda. O que pode superar isso?

Claro que, considerando a idade avançada das fontes, é preciso tomar cuidado para não se deixar levar por deslizes de memória por parte delas. Mencionei há pouco a conversa com a senhorinha que se ofereceu para me contar sobre "o casamento de Carmen na igrejinha da Urca". Esses enganos são naturais, mesmo em pessoas mais jovens. Por isso é fundamental que o biógrafo tenha na cabeça tudo que vá aprendendo sobre o biografado — fatos, datas, endereços.

E, por incrível que pareça, o próprio biografado pode ser a fonte mais perigosa de todas. Mesmo quem só trabalha com biografados mortos precisa ficar atento a armadilhas, como as entrevistas deixadas por ele, em que copidescou a própria vida e falou de si com fatos distorcidos ou omitidos. E pode ter feito isso para confirmar informações inventadas por um profissional, como um agente ou assessor de imprensa.

Aconteceu com Carmen Miranda. Ao desembarcar em Nova York, sua vida foi reescrita pelos relações-públicas das organizações Shubert, que a tinham levado para lá. Depois, em 1940, quando ela foi contratada por Hollywood, os assessores da 20th Century-Fox completaram o serviço. E em que consistia esse serviço?

Ao contratar uma artista da América Latina, a primeira providência dos americanos era diminuir sua idade e inventar-lhe uma infância e juventude que afastasse qualquer possibilidade de se associá-la à pobreza e à prostituição. Com isso, os trinta anos de Carmen ao chegar a Nova York foram reduzidos para 26. Seu pai, humilde barbeiro, converteu-se num exportador de frutas — de onde tiraram essa ideia? Sua mãe, ex-lavadeira, vinha de uma "família nobre europeia". E Carmen, criada nas ruas suspeitas da Lapa, fora educada num convento e, deste, havia saído direto para o estrelato. Já tinham feito isso com as mexicanas Lupe Vélez e Dolores del Río e logo voltariam a fazê-lo com Maria Montez e outras. Todas se tornaram filhas de embaixadores ou de bananeiros ricos.

O mais impressionante no caso de Carmen é que, nos press releases fabricados pelos assessores, inventou-se que seu pai, no Rio, não sabia que ela era uma artista e só descobrira isso quando ela lhe comunicou que estava de partida para a América! Ou seja, não sabia que sua filha, que morava com eles, era a maior estrela do rádio, gravava discos de gigantesca vendagem, trabalhava no cinema, passava duas temporadas por ano em Buenos Aires, tinha sua foto diariamente nos jornais e saía todas as noites para cantar no Cassino da Urca! Nada de mais em que os americanos engolissem esses disparates — mas, até porque Carmen chegara a repeti-los em revistas como *Modern Screen*, vi-os reproduzidos na imprensa brasileira e citados em artigos vinte ou trinta anos depois de sua morte!

O caminho da apuração sempre traz surpresas. Com *Chega de saudade* não foi diferente. Ao saberem que eu queria conversar sobre Bossa Nova, muitas das fontes que eu procurava já me anunciavam alegremente: "Ah, eu vou te contar como começou a Bossa Nova!". No início, ao ouvir isso, eu me preparava para receber informações espetaculares. Mas logo fui percebendo que cada fonte tinha uma versão de acordo com sua especialidade. Se fosse um compositor, a Bossa Nova tinha começado com este ou aquele samba. Fosse um letrista, com esta ou aquela letra. Um produtor musical, com este ou com aquele disco ou show. Dependendo da fonte, a Bossa Nova começara na Tijuca, onde ficava o Sinatra-Farney Fan Club; em Copacabana, no apartamento de Nara Leão; em Ipanema, nas mesas do Veloso; e até mesmo em Cabo Frio, aonde os rapazes iam para mergulhar e pescar. Todos queriam ser pais da Bossa Nova ou, pelo menos, testemunhas de seu parto.

Eu tinha uma entrevista marcada com Mario Telles, cantor e letrista, coautor de "Nanã" com Moacir Santos, mas, para mim, principalmente irmão da falecida Sylvia Telles. E era o que eu esperava ouvir dele: a história de Sylvia, a primeira grande cantora de Tom Jobim; ela, sim, pioneira da Bossa Nova.

Assim que cheguei ao apartamento de Mario, no Lido, ele me recebeu com a frase: "Eu vou te contar como começou a Bossa Nova". Baixou-me certa gastura — ah, mais uma história, e onde seria agora? Mas ele continuou:

Começou numa loja de discos no Centro da cidade, chamada Lojas Murray, que ficava na rua Rodrigo Silva, esquina com a rua da Assembleia. Ela não existe mais. Foi por volta de 1950. Lá se reuniam os conjuntos vocais da cidade, que não eram poucos, os cantores, compositores, músicos, maestros, arranjadores, jornalistas, cronistas, o pessoal do samba, das rádios, das gravadoras. Todos muito jovens, inclusive os balconistas da loja, que também eram cantores e pertenciam a um conjunto vocal, os Garotos da Lua. Pois foi para trabalhar nos Garotos da Lua que eles mandaram vir um cantor que tinham descoberto na Bahia, chamado João Gilberto.

Pronto — já fiquei imediatamente alerta. Aquela era uma visão nova. Seguiu-se por Mario uma descrição: era uma loja de eletrodomésticos, como todas que vendiam discos, mas com discos importados, trazidos para eles pelos comandantes da Panair que faziam a rota Nova York-Rio. A Murray era uma espécie de polo de jovens talentosos, alguns já famosos, outros simples aspirantes, todos em busca da modernidade: Lucio Alves, João Donato, Dolores Duran, Johnny Alf, Os Cariocas, o Quatro Ases e um Coringa, o Quitandinha Serenaders, Luiz Bonfá, Tom Jobim, João Gilberto, muitos mais, e uma menina moderna e independente que João Gilberto, a contragosto de Mario Telles, começou a namorar: Sylvia — para todos, Sylvinha. A Bossa Nova fora uma síntese do que se cozinhava ali.

Mario Telles, que eu via como fonte secundária, abrira-me os olhos para um novo território. Os críticos que, na publicação de *Chega de saudade*, pensaram ver em Ronaldo Bôscoli meu principal informante nunca imaginariam que Mario fora muito mais importante. De suas dicas, parti para conversar com a turma daquele universo de que já falei aqui — um deles, Jonas Silva, um dos balconistas das Lojas Murray, que se revelou ainda mais decisivo do que Mario. Ex-crooner dos Garotos da Lua na Rádio Tupi, Jonas fora demitido do conjunto por "não ter voz" — cantava baixinho e suave demais. Foi para o seu lugar que contrataram João Gilberto, que, ao contrário, tinha voz para todo tipo de música e podia cantar inclusive sem microfone. João Gilberto cantando alto? Sim, e se isso me parecia absurdo, Jonas tinha os discos para provar: os velhos 78 rotações dos Garotos da Lua, com João Gilberto soltando a voz até em marchinhas de Carnaval. Ouvi todos eles no apartamento de Jonas no Leblon, e depois ele me deu cópias em cassete.

Detalhe: Jonas não se magoou com João Gilberto por ele ter-lhe tomado o emprego no grupo. Ficaram amigos, nunca tiveram uma rixa, e Jonas até hospedou João Gilberto por algum tempo. E Jonas deu-me a ouvir também os artistas brasileiros e americanos que João Gilberto admirava em 1950 e com os quais, ao mencioná-los para ele, conquistei sua confiança.

Um nome levou a outro. Tanto Mario Telles como Jonas me falaram com entusiasmo de Cravinho, Jorge Cravo Neto, baiano, rico, jornalista nas horas vagas, extremamente musical e íntimo amigo de juventude de João Gilberto na Bahia antes que João viesse para o Rio em 1950. Deram-me seu telefone. Liguei para Cravinho em Salvador e, desde o primeiro minuto, ele fez com que me sentisse seu irmão mais novo. Falou-me da coleção de discos que trouxera dos Estados Unidos, onde morara em fins dos anos 40, e de como a descoberta de cantores pouco conhecidos aqui, como Joe Mooney, Matt Dennis e Page Cavanaugh, seria importante para João Gilberto no futuro — todos cantavam macio e baixinho. (Detalhe: Cravinho, Mario e o próprio João Gilberto nunca mencionaram Chet Baker.) Cravinho abriu-me o caminho para Lucio Alves, o cantor que João Gilberto e todos de sua geração mais admiravam. E, por Lucio, cheguei a Pacifico Mascarenhas, jovem mineiro e aprendiz de violão que, passando as férias em Diamantina (MG) em 1955, ficara sabendo da presença na cidade de um rapaz também de fora e também aprendiz de violão chamado João Gilberto. Pacifico bateu à porta de d. Dadainha, a irmã de João Gilberto que o estava hospedando. Foi convidado a entrar pelo próprio João, que atendera à porta. Os dois conversaram sobre o instrumento e João lhe mostrou experiências que estava fazendo com o ritmo e com a harmonia.

Eles próprios não sabiam, mas Pacifico Mascarenhas estava testemunhando o processo de criação da batida da Bossa Nova. Equivalia a visitar Albert Einstein em Zurique, em 1905, no momento em que ele descobria que $E$ era igual a $mc^2$.

Não basta ao biógrafo armazenar as informações nos arquivos à medida que as for descobrindo. Há um outro disco rígido de que ele não pode abrir mão: a sua própria cabeça. Ao ir aprendendo sobre o biografado, o biógrafo precisa registrar na memória as informações. Elas lhe serão decisivas diante de fontes que, de boa ou má-fé, para proteger o biografado ou tentar desqualificar outras fontes, tentarão omitir ou alterar fatos. Em O anjo pornográfico, tive esse problema ao lidar com as duas facções da família de Nelson Rodrigues. Eram inimigas de morte entre si. De um lado, a viúva de Nelson, Elza, e seus dois filhos, Joffre e Nelsinho. De outro, as irmãs de Nelson: Helena, Maria Clara, Irene e Elsa — um único irmão, Augustinho, era comparativamente neutro. D. Elza me recebia no apartamento do Leme onde Nelson vivera com ela seus últimos anos e que conservava seus livros, máquina de escrever e objetos pessoais, como num santuário. As irmãs me recebiam no apartamento de uma delas, em geral o de Helena, no Flamengo, onde ficava o arquivo da família, que ela começara a organizar — na verdade, amontoar — desde muito jovem. Visitei os dois lados quase todos os dias durante meses, um pela manhã, outro à tarde, ou vice-versa. E eram conversas de enlouquecer.

As versões que me passavam sobre um mesmo fato eram discordantes quase a ponto de se anularem. Nunca me recebiam individualmente — quando eu ia visitar uma das irmãs, era sempre na presença das outras; quando se tratava da viúva, um dos filhos estava no recinto. Isso me dificultava flagrar suas contradições e me obrigava a sair em busca de terceiros para confirmar ou desmentir uma delas. E assim foi por boa parte da investigação, até que, com o decorrer do trabalho, eu já tivesse acumulado tanta informação que me tornara capaz de identificar, de cara, a versão verdadeira. Isso me permitia também fazer-lhes perguntas cujas respostas eu já conhecia — exemplos: onde Nelson estava morando em tal época? Isso foi antes ou depois da cirurgia tal? Nelson já tinha ido para a *Última Hora*? —, de modo a determinar a veracidade de cada versão. É um recurso de que o biógrafo começa a se valer depois de algum tempo de mergulho no personagem.

É possível também que o biógrafo depare com fontes que aceitam recebê-lo dispostas a falar, mas, diante de certas perguntas, recuam e preferem desconversar. Percebe-se que sabem coisas que não querem revelar. E podem até armar uma conspiração de silêncio contra o biógrafo, induzindo os amigos a evitar certos tópicos. Tive esse problema em *Chega de saudade* ao esmiuçar a trajetória de João Gilberto no Rio em meados dos anos 50, ainda antes da Bossa Nova.

Para os primeiros anos, de 1950 a 1955, foi fácil seguir sua trajetória: o trabalho e as rixas com os Garotos da Lua, o namoro com Sylvia Telles (e logo depois com Marisa, a futura Gata Mansa) e até sua gravação de um pioneiro 78 rpm como cantor solo ("Quando ela sai"/"Meia-luz"), pelo selo Copacabana. Mas, de repente, quando a história chegava a 1955, as informações cessavam e só voltavam a aparecer em 1957. O que acontecera com João Gilberto entre 1955 e 1957 que parecia perturbar seus amigos quando indagados a respeito?

Esses amigos eram Mario Telles, Jonas Silva, Lucio Alves, Badeco (dos Cariocas) e Marisa. A perguntas como "O que João Gilberto estava fazendo entre os anos tal e tal?", as respostas eram "Não sei", "Não me lembro", "Não tenho ideia". Mas eram negativas obviamente embaraçadas, como se houvesse algo que não fosse para contar. Tive certeza disso ao ouvir de Badeco que tinham lhe falado para não "dizer nada".

Tudo bem, mas nada sobre o quê? Até que me lembrei da passagem envolvendo João Gilberto com Pacifico Mascarenhas em Minas Gerais. Em fins de 1955, ele estava em Diamantina, hospedado pela sua irmã. Significava que, antes e depois, poderia estar fora do Rio — mas onde e por quê?

Um telefonema para Cravinho em Salvador me desvendou tudo — eles tinham se esquecido de incluí-lo na conspiração. E Cravinho me revelou que, no começo de 1955, duro, desempregado, sem perspectivas e usuário de maconha — droga ainda incomum fora dos morros cariocas —, João Gilberto estava a ponto de um colapso nervoso. Podia ser visto de madrugada sentado sozinho nos bancos de calçada na praia de Copacabana, defronte às boates onde seus amigos tocavam, mas sem poder entrar nelas por estar malvestido, com o cabelo havia meses sem cortar. Não procurava ninguém e, quando alguém o encontrava, ele fugia, como se não quisesse ser visto. Estava sofrendo de profunda depressão, o que, aliado à maconha, cujos efeitos as pessoas conheciam mal e fantasiavam a respeito, formava um quadro preocupante.

Fora salvo pelo cantor gaúcho Luiz Telles (sem parentesco com Mario Telles), líder do conjunto Quitandinha Serenaders. Luiz o adotara como filho e o levara para sua cidade, Porto Alegre. A ideia era confiná-lo num centro menor, longe dos fornecedores da droga (para todo mundo, a grande causa de sua situação), e onde ele se sentisse querido. Note-se que, em 1955, ninguém fora do Rio ouvira falar em João Gilberto, e se os gaúchos o receberam tão bem, foi porque todos adoravam Luiz Telles.

Como cheguei a Luiz Telles? Por intermédio de Luiz Bonfá, seu ex-colega no Quitandinha Serenaders. E, ao chegar a Luiz Telles, cheguei também à extraordinária pessoa a quem ele entregara João Gilberto em Porto Alegre: uma senhora local, já idosa, também conhecida pela generosidade e pelo poético nome (real) de Boneca Regina. Telefonei para d. Boneca e, logo na primeira conversa, foi possível sentir sua humanidade e o grau de amor que devotava a João Gilberto.

D. Boneca gostava de escrever (era cronista nas horas vagas) e, por sua escolha, começamos a nos comunicar por carta. Em meia dúzia delas, descreveu-me o dia a dia de João Gilberto na Porto Alegre daquele tempo e me botou em contato com vários que o conheceram e já então o admiraram. Só depois do livro publicado tive a felicidade de privar pessoalmente com d. Boneca, e em São Paulo, onde moravam sua filha e neta. Não sei se ela pediu permissão a João Gilberto para me revelar aquela fase de sua intimidade ou se precisava disso, nem lhe perguntei. O fato é que *Chega de saudade* já estava nas livrarias e ela estava grata a mim pela maneira como eu tratara seus depoimentos. "Joãozinho [João Gilberto] é meu filho baiano", ela dizia. "E, depois do que fez por ele em *Chega de saudade*, você é meu filho carioca." E foi assim até sua morte, com quase noventa anos, em fins dos anos 90. Conto isso para mostrar como se dá a cadeia de fontes que se forma e acaba produzindo um tsunâmi de informações para o biógrafo. A partir de certo momento, a história parece começar a se contar sozinha.

Completando este tópico que envolve o "desaparecimento" de

João Gilberto entre 1955 e 57, Cravinho me traçou o itinerário que o cantor seguiu ao deixar o Rio. De Porto Alegre, ele fora para Diamantina, onde se hospedou com a irmã e descobriu a batida da Bossa Nova e onde Pacifico Mascarenhas o conheceu. Dali João Gilberto partira para Juazeiro, sua cidade natal, onde sua família o recebeu com preocupação e o internou numa clínica em Salvador. Cravinho acompanhou-o pessoalmente nessas duas últimas etapas, que me descreveu em detalhes, e possibilitou-me chegar a d. Dadainha, irmã de João Gilberto — com quem mantive, sem que o cantor soubesse, longas e deliciosas conversas por telefone a respeito dele.

Esse é o fascínio da biografia. Abre-se uma porta, entra-se por ela e, de repente, lá está o passado à nossa espera, pronto para acontecer de novo, dessa vez aos nossos olhos.

De novo: como dobrar um entrevistado que nos recebe e, de repente, resolve não falar? Resposta: com habilidade e informação. O biógrafo será capaz de contornar qualquer dificuldade desde que não desista ao primeiro não — mesmo porque, se a fonte aceita recebê-lo, é porque talvez queira ser convencida a falar.

Quando estava na fase de apuração de *O anjo pornográfico*, chegou o momento, crucial, em que eu teria de começar o levantamento sobre *Vestido de noiva*, a peça com que, na noite de 28 de dezembro de 1943, Nelson Rodrigues dividira o teatro brasileiro (e com a qual dividiria sua própria vida). Eu já lera muita coisa sobre *Vestido de noiva* e nada me satisfizera.

Eram ensaios, profundos e inteligentes, mas quase sem informação, ressaltando a audácia do cenário por Thomaz Santa Rosa e a revolucionária direção pelo polonês Zbigniew Ziembinski. Sabia-se apenas que o elenco, um grupo de teatro chamado Os Comediantes, era formado por amadores e que, na noite de estreia, o público, atarantado com o que via no palco, ficara em silêncio ao fim de cada ato e do próprio espetáculo, até despertar do torpor e estourar em aplausos consagrando a peça. Tudo bem, mas minha preocupação era outra, e nada modesta. Eu queria apenas descobrir *tudo* o que acontecera antes, durante e depois do espetáculo, no palco, na plateia e nos bastidores.

Exemplos: quem eram aquelas pessoas do elenco? Já que eram amadores, como se sustentavam e como, onde e com que frequência ensaiavam? A trama da peça se desenrolaria ao mesmo tempo nos planos da realidade, da memória e da alucinação, que seriam identificados pelo jogo de luzes. Como foi possível que, num teatro atrasado como o nosso em 1943, um diretor, mesmo europeu, pudesse realizar aquele show de refletores, mudando a iluminação o tempo todo? E de onde saíra o equipamento para isso? Aliás, como se explicava que um autor quase anônimo como Nelson Rodrigues conseguisse encenar sua peça no Teatro Municipal, o mais importante do Brasil? Depois da estreia, quantos dias a peça ficou em cartaz? Chegou a viajar para fora do Rio? E, por fim, o que aconteceu com a maioria das pessoas do elenco, de quem nunca mais se ouviu falar? Eram perguntas difíceis. Fui aos peritos em Nelson Rodrigues, abundantes na praça, mas eles não sabiam me responder. Nenhum deles jamais se fizera aquelas perguntas.

O jeito era tentar descobrir alguém que participara do elenco original — tarefa não muito fácil considerando-se que aquela montagem se dera havia 49 anos e todos que eu conhecia de nome já haviam morrido. Essa tarefa me tomou meses, até que, em 1991, através do cineasta Mario Carneiro, localizei Stella Perry — *née* Rudge —, que fizera o decisivo papel de Lucia na montagem original. Graças a Mario, consegui que d. Stella me recebesse em seu endereço na avenida Atlântica.

O apartamento era impressionante. Móveis, veludos, quadros, tapetes, bibelôs — parecia um salão do Segundo Reinado em plena Copacabana. No canto de um cômodo, a estátua de uma bela mulher nua, em tamanho natural. A anfitriã também era bonita: d. Stella, por volta dos setenta, abriu-me a porta com seu porte senhorial, penteada e maquiada. Não atribuí aquilo ao fato de que iria receber uma visita — talvez se penteasse e se maquiasse até para assistir à televisão. Foi um tanto fria e, antes que eu fizesse a primeira pergunta, já foi adiantando:

> Sim, fiz Lucia em *Vestido de noiva*. E, meses depois, fiz também Lídia numa reencenação de *A mulher sem pecado*, a primeira peça de Nelson — ele acrescentou à peça um monólogo, escrito especialmente para mim. Encerrada essa temporada, um homem me fez uma proposta de casamento. Eu acabara de me separar de meu marido, Carlos Perry, também ator, e não estava pensando em me casar de novo. Mas aquele homem era difícil de resistir: atraente, mais velho e muito rico — prometeu-me pelo menos seis meses por ano na Europa, se eu quisesse. Só havia uma condição: que eu abandonasse o teatro e nunca mais olhasse para trás. Não poderia nem falar do assunto. O passado deveria deixar de existir. Isso foi em 1944. Aceitei e estamos casados até hoje. *Vestido de noiva* ficou no passado e já nem me lembro de nada.

Era como se encerrasse o assunto, e, comprovando suas palavras, às vezes passava à distância, contra a luz vinda da praia, uma silhueta quase espectral: um homem magro, alquebrado, sem dúvida muito idoso, também formalmente vestido e que nunca veio até a sala. Era seu marido. As perspectivas de que ela pudesse me ajudar não pareciam muito auspiciosas, mas, para minha estranheza, d. Stella não me mandou embora. Então aproveitei a deixa. Falei-lhe de como respeitava seu compromisso, mas era uma pena que, por causa dele, não se pudesse fazer justiça àqueles atores e técnicos que, com ela, haviam revolucionado o teatro brasileiro e ficariam esquecidos para sempre.

D. Stella pareceu vacilar. E, naquele momento, seu marido passou de novo, lá longe. Então ela disse: "Mantive minha palavra por quase cinquenta anos. Mas acho que, agora, meu marido não se importará se eu quebrar a promessa. Venha comigo".

Fechou uma porta, abriu outra e conduziu-me a um aposento onde ficava uma enorme cômoda. Pediu-me que abrisse a gaveta de baixo, o que fiz com alguma dificuldade — muito pesada. E me autorizou a tirar de lá de dentro o material contido nela, pastas e mais pastas amarradas com barbante, e a levá-lo para a sala.

Ali estavam, entre dezenas de itens, sua cópia datilografada original de *Vestido de noiva*, com anotações à tinta de Nelson e Ziembinski, cartas e bilhetes trocados entre ela e eles, recortes de jornais com críticas e entrevistas, anúncios impressos do espetáculo e, se bem me lembro, pequenas peças do vestuário de Lucia, como uma luva ou um lenço. D. Stella podia ter esquecido o passado, mas não se desfizera dele. De repente esse passado voltava, com a mesma força com que um dia fora o presente. E, como se 1943 ressuscitasse em 1991, Stella Rudge tornava-se de novo, simbolicamente, Stella Perry.

Acreditar no que alguém escreve sobre si mesmo equivale a confundir um ator famoso com seus personagens quando, muitas vezes, ele é o contrário destes. John Wayne, o cowboy mais durão do cinema, era um homem gentil — e, acredite, tinha medo de cavalos. Henry Fonda, em contrapartida, não era exatamente o indivíduo racional, justo e liberal de tantos filmes, intérprete ideal de presidentes americanos. Na realidade, era um conservador, homem de poucos amigos e nada admirado como marido e pai (sua primeira mulher se matou e seus filhos Jane e Peter ficaram anos rompidos com ele). O próprio Fonda admitia: "Não sou Henry Fonda". No Brasil, também há exemplos. Muitos se decepcionaram ao descobrir que Regina Duarte, a meiga "namoradinha do Brasil" das novelas de TV, era uma mulher dura e capaz de sustentar as posições mais reacionárias. Mas os que a conhecem do passado não se surpreenderam — sempre souberam que ela era assim. E Jece Valadão, especialista em papéis de machões, cafajestes e bandidos no cinema, me disse: "Não sou cafajeste. Sou diabético. Você já viu um cafajeste diabético?". (Anos depois ele se converteria a uma seita evangélica.)

Acontece também na música. Dolores Duran, cantora, compositora e autora de "A noite do meu bem", morreu aos 29 anos, em 1959, de um infarto. Por ter morrido tão jovem e pelo conteúdo dramático e sofredor de suas letras, passou à história como uma mulher deprimida e solitária. Mas essa temática de desilusões amorosas era apenas típica do samba-canção, um dos maiores gêneros românticos do mundo e que ela praticava como ninguém. Na vida real, Dolores era divertida, exuberante, extrovertida e namoradeira, o oposto da persona de suas músicas. O mesmo quanto a Antonio Maria, Elizeth Cardoso, Linda Baptista, Nora Ney, Doris Monteiro, Miltinho e a própria Maysa, outros expoentes do samba-canção. Eram artistas disputados, ganhavam bem, viviam em turnês pelo Brasil e, ao contrário do que cantavam, tinham agitadas vidas amorosas — vide meu livro *A noite do meu bem*. A vida e a obra de um artista podem às vezes confundir-se, mas o biógrafo só chegará a essa certeza depois de muita informação.

Semelhante é o caso de Garrincha, que, ao contrário da lenda, não era o homem simplório que chamava seus adversários de "João", nem o moleque e malicioso que, ao ouvir o treinador explicando como iriam ganhar o jogo, lhe perguntou se ele já tinha "combinado com os russos". Garrincha era inculto e limitado, mas inteligente, nada simplório. Isso ficou claro para mim nos três anos em que trabalhei em sua biografia.

Uma das tarefas mais difíceis em *Estrela solitária* foi espanar o folclore a seu respeito, criado pelos jornalistas amigos, como Sandro Moreyra, do *Jornal do Brasil*, e Ney Bianchi, da revista *Manchete Esportiva*. Foi Sandro quem, de brincadeira, inventou a história do "João", o nome genérico com que Garrincha, segundo ele, se referia ao jogador que iria marcá-lo na partida daquela semana e cujo nome ele não sabia nem precisava saber. Garrincha não gostava dessa brincadeira porque o adversário acreditava que ele dissera aquilo e via sua atitude como desprezo. Resultado: para não se transformar num "João", redobrava a violência ao marcá-lo. Sandro se arrependeu e parou de contar a história, mas ela já se consagrara. E o "combinar com os russos" saiu da imaginação de Ney Bianchi durante a Copa de 1958, na Suécia. Garrincha nunca perguntou isso nem sequer participou da preleção do jogo contra a URSS (quando a frase teria sido dita). Aliás, não participou de preleção nenhuma naquela Copa — a comissão técnica, comandada pelo treinador Vicente Feola, o dispensava delas por saber que ele não iria seguir as instruções.

Foram muitos os mitos sobre Garrincha que tive de derrubar. O mais importante também se referia ao jogo Brasil × URSS, terceiro do Brasil naquela Copa. Garrincha não jogara as duas primeiras partidas. O ponta-direita titular era Joel, craque do Flamengo e admirado também por sua disciplina tática — exatamente o que Garrincha não tinha. Segundo a lenda, alguns jogadores, por causa de Joel, não estariam satisfeitos com o rendimento do time. Daí que uma comissão, formada por Bellini, zagueiro e capitão da equipe, Didi, o cérebro do meio-campo, e Nilton Santos, o mais velho, teria ido ao treinador Feola às vésperas da partida e exigido a entrada de Garrincha no lugar de Joel. E, de fato, Joel não foi escalado. Quem jogou foi Garrincha, que, com apenas dois minutos de jogo — para alguns, os maiores dois primeiros minutos da história do futebol —, destroçou a defesa russa com dribles, um chute na trave e desmoralizações que levaram ao primeiro gol do Brasil, por Vavá. Nasceu ali a consagração de Garrincha — e a lenda sobre o ultimato dos jogadores a Feola.

Mas, conforme apurei, essa história não só nunca aconteceu como só foi inventada um ano depois da Copa. E tanto era inventada que os personagens mudavam de acordo com quem a contava. Havia versões diferentes. Em São Paulo, a comissão de jogadores não tinha Bellini, então no Vasco, mas o volante Zito, do Santos — como se fosse preciso incluir um jogador paulista na história. Só que, na partida contra a URSS, Zito também entrara no lugar do são-paulino Dino. Significava então que Zito exigira sua própria escalação? Outro fator a derrubar a história era que o supervisor da seleção e verdadeiro chefe da delegação era um homem assustadoramente

133

severo, quase um ditador, chamado Carlos Nascimento. Ele jamais admitiria um motim de jogadores — onde já se vira dois ou três deles barrando um colega e impondo a escalação de outro? Se isso tivesse acontecido, Nascimento teria embarcado Bellini, Didi e Nilton Santos no primeiro avião e os mandado de volta para o Brasil. Como eu sabia disso? Porque meus informantes nessa história eram Abílio de Almeida e Adolpho Marques, respectivamente administrador e tesoureiro daquela delegação; Paulo Amaral, preparador físico do time; e jogadores como Gilmar, Orlando, Zagallo, o próprio Joel e os três principais personagens da história: Bellini, Didi e Nilton Santos. Todos a desmentiram. E, por fim, fui ouvir ninguém menos que o autor da história, o inesquecível Ney Bianchi. Contou-me rindo que a inventara, sem imaginar que ela se incorporaria à saga daquela Copa.

Como se explicava então a escalação de Garrincha? Porque Joel, contundido na partida anterior do Brasil, contra a Inglaterra, não jogaria mesmo. Garrincha entraria de qualquer maneira, com ou sem motim. E ninguém melhor que Joel sabia que, se Garrincha entrasse no time, nunca mais sairia. E só restaria a ele, Joel, bater palmas para o companheiro — o que Joel fez, entusiasticamente, pelo resto da Copa.

Com isso, pensei ter apagado para sempre um folclore que volta e meia era repetido por jornais, revistas e TVs. Pois quer saber o que aconteceu? Ele continuou a ser repetido.

Outro risco é levar a sério demais o que se lê em dissertações acadêmicas sobre a pessoa que estamos biografando. Por mais profundos que sejam seus conceitos e ilações, tais teses nem sempre se baseiam em informações corretas. Há inúmeros trabalhos, por exemplo, sobre a Política da Boa Vizinhança, uma medida do governo americano para se tornar simpático à América Latina durante a Segunda Guerra. Uma das armas dessa simpatia seria convidar artistas brasileiros a trabalhar nos Estados Unidos, o que explicaria o sucesso por lá, naquela época, de Ary Barroso, Bidú Sayão, Candido Portinari, Villa-Lobos e... Carmen Miranda. Há um eminente complexo de vira-lata nessa questão — como se fosse impossível que eles tivessem vencido por seus méritos. O caso de Carmen é exemplar. Ela foi contratada no Carnaval de 1939, no Rio, por Lee Shubert, importante produtor teatral americano que, assistindo a seu espetáculo no Cassino da Urca — na verdade, já ouvira falar dela por seus amigos americanos no Rio —, considerou-a perfeita para uma revista musical, *Streets of Paris*, que ele estava para lançar na Broadway. Daí convidou-a a tentar a América. Carmen aceitou, viajou, explodiu já na estreia — vide os recortes de jornais que transcrevo em *Carmen: uma biografia* —, e Shubert viu nela uma mina de ouro. E o que isso teve a ver com a Política da Boa Vizinhança? Nada. Em maio de 1939, data da estreia de *Streets of Paris*, a Política da Boa Vizinhança só existia como projeto e ainda levaria um ano para começar a ser aplicada. Os Estados Unidos não estavam em guerra — a própria Segunda Guerra ainda nem havia começado e, de qualquer maneira, os Estados Unidos só entrariam nela em dezembro de 1941. E, mesmo que eles já estivessem em guerra, a Broadway, uma operação então estritamente local, nova-iorquina, não precisava bajular latinos ou quem quer que fosse. Hollywood, sim, porque seu mercado era internacional — mas Carmen só foi para lá por causa de seu sucesso na Broadway. É por isso que, quando se trata de biografar uma estrela do teatro ou do cinema americano, convém ao biógrafo conhecer um pouco desse universo.

Outro mito em torno de Carmen era o da vaia que ela teria tomado em um show beneficente promovido pela primeira-dama, d. Darcy Vargas, no Cassino da Urca, em 1940. O que passou à posteridade foi que, já famosa nos Estados Unidos, ela voltara "americanizada", e por isso "seu público" no Brasil a rejeitara. Mas a história foi bem diferente. Para começar, não era o público de Carmen que estava no Cassino da Urca naquela noite de 15 de julho, mas os convidados de d. Darcy, mulher do ditador Getulio Vargas, então flertando com a Alemanha nazista. Ou seja, o público consistia dos partidários do presidente, alemães e brasileiros, e eles não acharam graça quando Carmen entrou no palco dizendo "*Good night, people!*" e cantando "South American Way", seu sucesso em *Streets of Paris*. Eles a receberam com um silêncio gelado, negaram-lhe seus aplausos e, um ou dois números depois, ela saiu chorando.

Quem era aquela plateia tão hostil? A dica para identificá-la me fora dada por acaso, treze anos antes, por Stella Rudge, minha informante em *O anjo pornográfico*. Em 1991, ao me falar de sua vida antes de ingressar no teatro e fazer *Vestido de noiva*, ela me disse que, mesmo oriunda de uma família grã-fina, sempre quisera participar do mundo artístico. E, como fã de Carmen Miranda, não poderia deixar de ir vê-la no Cassino da Urca naquela noite beneficente em 1940.

Assim que chegou à sua mesa na Urca, e ainda com todas as luzes da plateia acesas, Stella olhou em volta e identificou muitas pessoas. Entre outros, o poderoso Lourival Fontes, chefe do DIP (o Departamento de Imprensa e Propaganda do regime), o chefe de polícia Filinto Müller, o chefe da polícia política Batista Teixeira, o ministro da Justiça Francisco Campos, os generais Eurico Dutra e Goes Monteiro, respectivamente ministro da Guerra e chefe do Estado-Maior — todos germanófilos e cada qual com sua comitiva. Stella reconheceu também o embaixador alemão Prüfer, que saía muito nos jornais, e seus adidos militares, além de vários empresários brasileiros ligados à Alemanha. E por que os reconheceu? Porque eles eram amigos de sua família, rica e influente. Quando Carmen adentrou o palco e, de molecagem, falou inglês, eles amarraram a cara e cruzaram os braços sobre a lapela. Stella, uma das poucas a aplaudir, ouviu suas palmas ressoarem no silêncio e se conteve — e nunca se perdoou por isso.

Dois meses depois, às vésperas de voltar para a América, Carmen estava de novo no palco da Urca, cantando para seu verdadeiro público sambas que entrariam para a história: "Disseram que eu voltei americanizada" e "Voltei pro morro", ambos de Vicente Paiva e Luiz Peixoto, e "Recenseamento", de Assis Valente. D. Stella me contou tudo isso em 1991. Não podíamos adivinhar que, em 2004, suas palavras, ressoando em minha memória, seriam o ponto de partida para um dos episódios da vida de Carmen que eu mais queria esclarecer.

Estamos agora na etapa mais importante da apuração: a de saber quando ela termina — ou, pelo menos, quando se pode considerar que o grosso das informações já foi levantado. Isso é importante porque, em minha experiência, não se deve começar a escrever antes de coletar todas as informações possíveis.

Aprendi esse macete quando estava na fase de apuração de *Chega de saudade*. Era março de 1990 e ainda me faltava apurar passagens importantes do livro, como a infância de João Gilberto em Juazeiro. Alguém me falara de três moças, Belinha, Ieda e Merita, que haviam sido contemporâneas de João Gilberto na Bahia e moravam agora em São Paulo. Eu estava à procura delas — em vão.

Foi então que Fernando Collor de Mello, empossado presidente no dia 15 daquele mês, e sua ministra da Fazenda, Zélia Cardoso de Mello, num plano tresloucado para combater a inflação, sequestraram a poupança do país e congelaram as contas bancárias. Não sei como aceitamos isso, mas, de uma hora para outra, todo mundo no Brasil ficou sem dinheiro no bolso. Pensei: "E agora?". Com muita gente ainda por entrevistar, imaginei que, por causa daquilo, ninguém teria cabeça para conversar comigo sobre Bossa Nova. Eu próprio estava a quase zero. E, como a apuração ficaria interrompida por tempo indeterminado e eu não podia ficar parado — o livro estava programado para sair no fim do ano —, resolvi aproveitar e começar a escrever com o que já tinha.

Fiz isso durante uma semana. Às vezes a escrita fluía e avançava com facilidade, mas, em certos momentos, embatucava por falta de algum detalhe simples, porém fundamental. Quando isso acontecia, eu preenchia a lacuna com palavras, não fatos. Sem perceber, estava fazendo literatice, escrevendo para disfarçar que ali faltava informação. Produzi cerca de trinta páginas nesse período — e parei. Dei-me conta de que estava errado, não podia ser assim. Se se tem a informação X e a informação Z, mas falta a informação Y, não se tem nada. E concluí que precisaria voltar para a apuração. Rasguei o que havia escrito e peguei o telefone. Quem sabe alguém se disporia a me atender?

O primeiro para quem liguei foi Miecio Caffé, veterano colecionador de discos, pesquisador e... também natural de Juazeiro e residente em São Paulo. Ele conhecia as três moças que eu procurava. Deu-me seus telefones e, no dia seguinte, eu estava diante de Belinha, Ieda e Merita — e, por extensão, do garoto João Gilberto, todos com quinze anos de idade por volta de 1946. Elas adoraram reviver seus tempos de juventude e sua amizade com "Joãozinho". Através desse contato, cheguei por telefone a outras pessoas de Juazeiro, e o resultado está na descrição da juventude de João Gilberto em *Chega de saudade*. De posse dessa base, não foi difícil induzir o próprio João a me contar o resto nos longos telefonemas.

Retomei também os contatos com as outras fontes, e todas me receberam muito bem. Era como se quisessem parar de pensar na pindaíba a que Collor as condenara e fosse um alívio voltar a outros tempos. Completei a apuração e aprendi a jamais começar a escrever enquanto não tivesse a história completa.

E como se sabe quando a história está completa e é hora de passar à fase da escrita? Para mim, começo a suspeitar que estou perto disso quando as entrevistas já não rendem grandes surpresas e passo dias sem aprender algo significativo sobre o biografado. É como se estivesse marcando passo. É o momento em que você deve fazer a si uma pergunta realmente difícil sobre o seu biografado — sem cuja resposta a narrativa não teria como avançar — e ver se sabe respondê-la.

Se essa pergunta não existir, é porque chegou a hora de começar a escrever.

# 3
# A ESCRITA DA BIOGRAFIA

Ninguém escreve bem; alguns reescrevem bem
• A melhor ordem: a cronológica • Como começar o livro?
• O uso de recursos literários • O biógrafo deve ser
invisível • É permitido inventar diálogos? • Invadindo
a cabeça do biografado • Como descrever
o contexto • Nunca abandone o personagem
• Em busca do fio condutor • Um livro de verbetes
• As histórias delicadas — contar, amaciar ou omitir?
• Como terminar o livro? • Chorando no ponto-final
• Qual deve ser o tamanho da biografia?

E chegamos à terceira fase: a escrita do texto com que o livro chegará ao leitor e o fará rir, comover-se, deleitar-se. Ou, se o trabalho não for bem-feito, decepcionar-se, pôr o livro de lado e ir ler outra coisa. Há várias técnicas para tentar prender o leitor, que podem muito bem ser aprendidas. Mas nenhuma técnica fará sentido se o biógrafo não se ativer a três cláusulas que considero pétreas: a concisão, a clareza e a verdade. Há outras duas virtudes possíveis num texto: o charme e o humor. Estas, no entanto, não se aplicam a certas biografias e, de todo modo, não me parecem possíveis de ensinar.

Não é fácil ser conciso, claro e verdadeiro ao escrever. Exige ouvido afinado — afiado também — e sensibilidade de leitura para, ao reler o que se escreveu, saber o que está bom ou o que é preciso reescrever. Em minha opinião, ninguém escreve bem. O que há são pessoas que *reescrevem* bem.

Ao reler o seu próprio texto, você perceberá os defeitos a corrigir, como períodos muito longos, ideias frouxas, construções tronchas, expressões apenas decorativas, exibicionismos verbais. Tudo que ferir a audição e a razão deve ser reescrito. Mas, para isso, exige-se certa humildade de quem escreve. Temos de aceitar que nós é que estamos a serviço do texto, e não o contrário — se algo for redundante ou oco, por mais "bem escrito", precisa ser cortado.

Os franceses, que devem saber o que dizem (no século XI eles já tinham a *Chanson de Roland*), dividem o mundo verbal entre *mot juste* e *mot magique* — a palavra exata e a palavra mágica. Não há hierarquia entre elas, mas há casos em que uma se aplica, e a outra não. Escrever bem consiste em saber o lugar delas.

As pessoas costumam me dizer: "É tão fácil ler o que você escreve. Imagino que você se divirta ao escrever, não?". A resposta é: não exatamente. Gosto muito de escrever, mas tudo o que escrevo é reescrito à exaustão. A ideia de que algo que se lê com facilidade foi fácil de escrever é uma ilusão. Ao contrário, quanto mais fácil de ler, mais difícil o texto terá sido de escrever.

Levei meus primeiros quarenta anos de vida escrevendo à máquina, uma Remington semiportátil cinza, de aço, indestrutível, que aposentei em 1988 mas conservo até hoje e está ao meu lado neste momento, para me recordar do que lhe devo. Devo-lhe tudo, mas, pelo volume de minha produção e pelo número de versões de cada texto, não sei se com ela ainda estaria vivo — toda vez que as palavras cobertas com xxx tornavam a leitura impossível, os textos tinham de ser redatilografados inteiros.

Hoje, com o texto na tela, posso cortar, corrigir e emendar quantas vezes quiser e inverter parágrafos e até capítulos com a facilidade de um peteleco. Quando me dou por satisfeito, imprimo para reler — porque a leitura em papel me dá uma visão do texto equivalente à do livro. E então entra em cena a caneta. Surgem novos cortes e emendas, que são passados para o texto no computador, com o que se seguem nova impressão, nova leitura e mais emendas. Haverá um limite para esse processo? Para mim, só quando o texto sair de vez das minhas mãos, rumo à editora ou ao jornal. Mesmo assim, enquanto deixarem, ainda irei atrás dele, por telefone ou e-mail, para mudar isto ou aquilo. Sempre haverá o que melhorar.

Eu sei, em pleno século XXI, continuo trabalhando à maneira do século XX. Mas Proust, em 1922, ainda escrevia à maneira do século XIX — com uma pena mecânica.

Com os milhares de partículas de informação que se armazenaram por ordem cronológica nos arquivos na fase da apuração, o livro já estará, na prática, montado. Sentar-se para efetivamente escrever significa mergulhar nesses arquivos, trazer o que interessa para o texto e enxertar os músculos, nervos e cartilagens que ligarão as informações. É provável que, no processo de alimentar os arquivos e organizar as informações dentro deles, você os tenha lido tantas vezes que eles já tenham se mudado para a sua cabeça. Graças a essa familiaridade, você se surpreenderá com a fluidez com que a história sairá deles para o texto final.

Antes disso, no entanto, importantes decisões devem ser tomadas. A primeira, de estrutura, é a que definirá todo o processo de escrita do livro: a ordem dos fatos na narrativa. Na ordem em que eles se deram ou fora de ordem?

A biografia é a história ou descrição da vida de alguém, rezam os dicionários. Como os pontos extremos desse ciclo são o nascimento e a morte do biografado, eu diria que a biografia exige uma escrita cursiva, linear, em sequência, de mãos dadas com a cronologia. É a já conhecida cláusula pétrea: assim como a vida, os livros que tratam dela também devem ter começo, meio e fim — nessa ordem.

Há quem discorde e classifique essa cronologia como careta, ultrapassada, e prefira uma narrativa acronológica, aleatória, "moderna", em que os tempos se atropelam e se confundem, como nos romances de Marcel Proust, James Joyce e Virginia Woolf. Só que biografia é biografia, não literatura. Além disso, a opção por embaralhar a cronologia podia ser moderna no tempo de Proust, Joyce e

Woolf, mas, na época, os automóveis movidos à manivela também o eram. Anos depois, escritores como Graham Greene, Graciliano Ramos e Dashiell Hammett trouxeram o tempo de volta ao chão, onde ele tem mais firmeza para ficar de pé.

Para mim, a biografia acronológica, que leva o leitor à loucura por não saber o que está acontecendo, é apenas exibicionista. É o biógrafo querendo brilhar mais que o biografado. E é também um texto preguiçoso, porque embaralhar o tempo é fácil. Difícil, ao contrário, é manter a narrativa sob controle, conservar o foco no biografado e saber resolver os problemas que surgem durante a escrita — como decidir a sequência ideal entre ocorrências simultâneas e quando houver muita gente entrando e saindo da história. Enfrentei esse problema em todos os meus livros, mas especialmente em *Chega de saudade* e *A noite do meu bem* — mais sobre isso adiante.

Então, estamos conversados: o tempo do relógio é o ideal. E chega, finalmente, a hora de escrever. Aberto o primeiro arquivo, o biografado surge à nossa frente para ter a vida contada. Como começar?

Em *O anjo pornográfico*, considerei a ideia de abrir o livro de forma explosiva, com um prólogo narrando a noite mais importante da vida de Nelson Rodrigues: a da estreia de *Vestido de noiva*, no Teatro Municipal, em 1943. O leitor já ficaria de saída na ponta dos pés, porque eu reconstituiria todas as emoções daquela noite: a tensão nos bastidores, a abertura das cortinas, a encenação sempre por um fio, o diretor Ziembinski desesperado na coxia dando ordens, os maquinistas dos refletores quase enlouquecidos, o terrível silêncio do público nos intervalos, a peça acabando de supetão e, depois de doloroso silêncio, como se não soubesse o que pensar, a plateia vindo abaixo, a tempestade de palmas — tudo isso com Nelson em seu camarote, ignorado pelo público, que não sabia como ele era. Seria uma grande abertura. E só então o livro começaria de verdade, com o primeiro capítulo recuando ao Recife de 1900 e pegando a história do seu início — dos rompantes políticos e jornalísticos de Mario Rodrigues ao assassinato de seu filho Roberto e ao empastelamento do jornal da família na Revolução de 30. Muito bem. Só que, algumas dezenas de páginas depois, chegaríamos a 1943 e à estreia de *Vestido de noiva*. Que fazer? Contar de novo a história? Contá-la resumidamente, de passagem? Contá-la por outro ângulo? Ou omiti-la? Nenhuma dessas soluções seria satisfatória, porque o erro fundamental já teria sido cometido: abrir o livro com ela. E só não foi cometido porque pensei nisso tudo antes de começar a escrever.

Prevendo o impasse, convenci-me de que a solução ideal era a mais óbvia: começar o livro pelo começo e construir a história de modo a que, muitos capítulos depois, quando finalmente chegasse a hora de *Vestido de noiva*, o leitor já estivesse à espera da peça, louco para que Nelson conseguisse encená-la, sofrendo com a aparente indiferença da plateia, emocionando-se com a consagração final e respirando de alívio e gozo. Era a coisa certa a fazer, e mais uma prova de como a cronologia é essencial.

Começar do começo não significa obrigatoriamente descrever o parto do biografado na página 1, em meio a considerações protocolares sobre seus familiares. É verdade que os leitores não têm grande interesse pelos pais e avós do personagem e tendem a ficar impacientes quando o herói demora a entrar em cena. E, hoje, com a facilidade para levantar árvores genealógicas pela internet, qualquer um consegue desencavar até um remoto avô que combateu em 1565 ao lado de Estácio de Sá na guerra contra os franceses e morreu de uma flecha perdida. Se os antepassados do biografado forem irrelevantes para a história, o biógrafo não tem nenhuma obrigação para com eles — uma ou outra pincelada será suficiente. Mas há casos em que esses parentes são fundamentais e faz-se necessário reservar-lhes todo o espaço que eles exigirem.

Nesse caso, é sempre melhor começar por uma cena de ação — nada de "nasceu em". Em *Estrela solitária*, comecei pelos antepassados indígenas de Garrincha: os fulniôs, da divisa de Pernambuco com Alagoas, em sua fuga à perseguição e à escravatura que acabaria por levá-los ao Sudeste e, geração após geração, chegaria a Garrincha. Comparei a história a uma flecha que, disparada em seu território em 1865, chegaria ao alvo em 1933, quando ele nasceu. A origem de Garrincha era uma grande novidade e merecia ser explorada de saída. Já em *Carmen: uma biografia*, comecei pelo atentado dos carbonários portugueses em Lisboa contra o rei d. Carlos, que matou em minutos quase toda a família real e desencadeou uma crise política e econômica, resultando na emigração de milhares de agricultores pobres para o Brasil — entre os quais um casal com uma filhinha de nove meses, Maria do Carmo, a futura Carmen Miranda. Nos dois livros, esses episódios introdutórios se resolveram em no máximo dez páginas cada um e abriram o apetite do leitor para o que se seguiria. Mas em *O anjo pornográfico* foi diferente. O que deveria ser um breve prólogo tomou dimensões inesperadas.

Nele, a figura de Mario Rodrigues, pai de Nelson, começou a crescer desde o trabalho de apuração. Era um jornalista de combate e, como alguns dos grandes proprietários de jornais da época — Edmundo Bittencourt, Irineu Marinho, Macedo Soares, Assis Chateaubriand —, de uma coragem quase suicida. Isso fez com que tivesse papel relevante na Primeira República (1889-1930), em episódios que interferiram na política nacional e o levaram mais de uma vez à prisão. E foi essa coragem que ele transferiu para os subordinados em seu jornal *Crítica*, com o problema de que estes nem sempre souberam controlar o sensacionalismo. O resultado foi uma reportagem que publicaram em 1929, com trágicas consequências para Mario e sua família pelos dez anos seguintes, como o assassinato de um de seus filhos, a sua própria morte, a destruição do jornal, o desemprego, a pobreza, a fome, a doença e mais morte. E, como isso aconteceu aos olhos do jovem Nelson, não é surpresa que, quatorze anos depois, ele se tornasse o Nelson Rodrigues de *Vestido de noiva*.

Essa saga ocupa as primeiras cem páginas de *O anjo pornográfico*, e à medida que eu as ia escrevendo a preocupação me assaltava. O leitor teria paciência para continuar lendo? Por uma lamentável falha da educação no Brasil, a Primeira República (1889-1930) é vista como uma contemporânea dos pterodátilos da pré-história, e são raros os que sabem citar um ou dois presidentes daquele período — embora muitos deles, como Afonso Pena, Delfim Moreira e Washington Luiz, deem o nome a ruas e estradas importantes do país. Para piorar, a trajetória de Mario Rodrigues compreendia também a política pernambucana. Daí meu medo de perder o leitor antes que Nelson vestisse calças compridas e se tornasse atuante na história. Mas não havia outra maneira. Fui em frente, esperando que as peripécias políticas e pessoais de Mario Rodrigues, envolvendo insultos, denúncias, processos, cartas falsas, prisões e, finalmente, um tiro e um infarto fatais, se narradas com ritmo e palavras certas, sustentassem o interesse. E devo ter conseguido, porque, desde a publicação de *O anjo pornográfico*, em 1992, ninguém jamais se queixou comigo de que o livro "demorava para começar". Ao contrário: já começava com ação, e esta não parava.

Daí, talvez, outra observação que ouço com frequência: a de que minhas biografias "podem ser lidas como um romance". Sei que é um elogio, mas não estou certo se me envaidece ou me preocupa. Os romances são fruto da imaginação, e uma biografia, por mais fácil de ler e recheada de histórias que seja, é obrigada a se limitar à informação. Inventar, em biografia, é mais que proibido — é crime.

Isso não impede que, desde que não se afaste do cânone, o biógrafo use recursos "literários" na costura das informações. É uma consequência da nossa formação. Querendo ou não, todos fomos muito mais formados por Alexandre Dumas do que por Søren Kierkegaard. Mesmo sendo um escravo da objetividade, o biógrafo não tem como esquecer as técnicas que absorveu dos romances, filmes, gibis, peças, poemas, músicas, esculturas, quadros etc. que o acompanharam pela vida. Essas técnicas se incorporaram ao seu patrimônio interior, e o conhecimento delas pode enriquecer sua escrita. Usei conscientemente um desses recursos, a técnica do folhetim, num trecho de *O anjo pornográfico*.

O folhetim, um produto que apaixonou milhões de leitores entre o século XIX e meados do século XX, foi o equivalente nos jornais das novelas de rádio e TV — uma história em capítulos diários, cada qual terminando de modo a deixar o público em suspenso pelo que aconteceria no capítulo do dia seguinte. Mestre do gênero nos anos 40 e 50, Nelson lançou na *Última Hora* em 1959 seu romance "Asfalto selvagem", o último grande folhetim produzido no Brasil.

Por vários motivos, resolvi aplicar essa técnica no final do capítulo 5 e em todo o capítulo 6 de *O anjo pornográfico*. São os capítulos que tratam da morte do irmão de Nelson, o desenhista e pintor Roberto Rodrigues, assassinado por uma mulher que se sentira difamada por uma reportagem no escandaloso jornal dos Rodrigues. Tendo lido os autos do processo, conversado com três jornalistas que cobriram o caso sessenta anos antes e de posse de extenso material de imprensa da época, eu poderia ter ido direto ao assunto no livro. Em vez disso, alternei o caso com uma descrição do cotidiano da Redação do jornal e da própria vida pessoal de Roberto. Entre uma e outra informação neutra, dava a entender que alguma coisa grave estava para acontecer e intercalava uma pausa no texto para fazer o leitor pensar. Fiz isso cinco ou seis vezes dentro do capítulo. Até que, finalmente, a mulher sai de casa para comprar a arma e vai à Redação de *Crítica* para cumprir seu destino — e o de Roberto e, por extensão, de todos os Rodrigues. E por que fiz isso? Não por uma vaidade estilística, mas porque não tinha outra maneira de fazer Roberto entrar e sair da história ao mesmo tempo que descrevia o cenário. Com isso, consegui as duas coisas: descrevi a Redação e emprestei suspense à morte de Roberto.

Falando em vaidade estilística, corri, sim, o risco de cometer um erro grave em *O anjo pornográfico*. Encerrada a apuração, e às vésperas de partir para a redação do texto, acalentei por algumas horas a ideia de escrever todo o livro no estilo de Nelson Rodrigues.

Não, você não leu errado. Assim como muitos cantores sabem imitar a voz de seus colegas, não é difícil para um autor imitar o estilo de outro, e mais ainda quando este escreve de maneira característica, com frequentes tiques de construção, de palavras e até de ritmo. Exemplos: Oscar Wilde, William Faulkner, Jorge Amado, Guimarães Rosa — e Nelson Rodrigues. Todos são fáceis de imitar. Eu levara a vida lendo Nelson em jornais, revistas e livros, ouvindo seus diálogos em filmes e peças e, por fim, escutando-o ao vivo em casas de amigos ou na tribuna do Maracanã. Mas, por mais que se esteja familiarizado com o original, o resultado será sempre uma caricatura, equivalente a alguém se passar por Carlitos ou Carmen Miranda com fantasias compradas na Casa Turuna.

Fosse como fosse, essa paródia não era uma boa ideia. Mas só me dei conta disso quando, naquela mesma tarde, me caiu por acaso às mãos um artigo de Otto Lara Resende no *Globo* sobre Nelson — todo escrito no estilo de Nelson. Foi quando percebi que a graça da coisa se esgota no primeiro parágrafo e, a partir daí, a leitura se torna penosa e previsível. Ali mesmo resolvi abandonar a ideia, escrever do meu próprio jeito e reservar o insuperável estilo de Nelson para os seus textos e falas que eu precisasse transcrever. E, já mais experiente, nos livros seguintes, sobre Garrincha e Carmen Miranda, não me ocorreu tentar escrever à maneira dos dribles de Garrincha ou do jogo de braços de Carmen.

O biógrafo deve ser uma parede de vidro entre o leitor e o biografado. Ou seja, invisível. Ele não faz parte da história, e não se justifica nenhuma referência a si próprio no texto, na primeira ou na terceira pessoa. Ao transcrever a fala de uma fonte, por exemplo, não tem cabimento acrescentar: "... como declarou fulano ao autor" ou "... como confidenciou beltrano a este biógrafo". Se for uma tentativa de valorizar-se, isso é desnecessário porque se supõe que tudo no livro se constitui de declarações ao biógrafo. Além disso, para que expor a fonte? No meu caso, recebo como confidências tudo que ouço de minhas fontes e, ao transcrevê-las, não apenas nunca as atribuo à dita fonte como faço de jeito a não ser possível ao leitor identificá-la. A partir do momento em que recebo uma informação, aproprio-me dela e assumo total responsabilidade por isso.

Sem falar que, intrometendo-se na narrativa e chamando atenção para a sua existência, o biógrafo estará arrancando o leitor da história e trazendo-o para o mundo real. O mesmo acontece com os anacronismos. Se, ao descrever uma cena da vida do biografado, o autor acrescentar desdobramentos futuros, como "Vinte anos depois, sicrano seria eleito presidente...", estará arremessando o leitor para fora do livro. É o tipo de informação que só deve ser dada se o fato futuro for indispensável à compreensão da história. Tudo que provoque confusão na fruição da trama deve ser evitado.

Nisso incluo o uso de gírias ou expressões incompatíveis com a época em que se passa a história. Se uma das maneiras de prender o leitor à narrativa é cumulá-lo de informações, a fidelidade ao jeito de falar ou escrever do período é fundamental. Os anacronismos devem ser evitados para não comprometer a veracidade do que se conta — imagine Nelson dizendo em 1943 que sua peça *Vestido de noiva* "bombou" — e para não quebrar a magia do que está sendo narrado. E como se dá essa magia? Fazendo com que, aberto o livro, o leitor se esqueça do mundo lá fora. Do mundo fora do livro, claro.

Um dos alçapões por onde essa magia pode escapar é o dos valores em dinheiro com que, de repente, o biógrafo tem que se haver no texto. A maioria das biografias transcorre no passado e, com a instabilidade das moedas, é preciso fazer com que o leitor entenda o que esses valores significavam. Exemplo: em 1948, Carmen Miranda ganhava 20 mil dólares por semana por suas temporadas nos cassinos de Las Vegas. O que seriam hoje 20 mil dólares? Não basta convertê-los para o atual equivalente em reais porque, antes, teríamos de converter o dólar de 1948, muito mais poderoso, para o de nosso tempo, e só então traduzi-lo em reais. Mas, se seu livro for lido daqui a dez anos, até quando essa conversão em reais se sustentará? Sem falar que, com essa dança de dólares e reais, o leitor poderá achar que a biografia que ele tinha em mãos se transformou, de repente, num tratado de economia.

Como faço para resolver o problema? Esqueço as conversões e tento introduzir uma informação que dê ao leitor uma ideia do que aquele dinheiro representava. Algo assim: no tempo em que Carmen ganhava 20 mil dólares por semana em Las Vegas, duas pessoas jantavam lagosta com vinho francês, licor e charutos no 21, em Nova York, por três dólares, com direito ao autógrafo de Ernest Hemingway, chegado da África minutos antes e ainda com a roupa cheirando a elefante.

Um compêndio sobre técnicas de biografias deveria comportar tantas dicas sobre o que escrever quantas sobre o que *não* escrever. O biógrafo, por exemplo, não tem o direito de invadir a cabeça do biografado e instalar-se nela como se fosse a casa da sogra. Não pode fazer o biografado "achar", "imaginar" ou "pensar" isto ou aquilo — e, se fizer, o leitor terá todo o direito de perguntar: "Como o biógrafo ficou sabendo disso?". A única possibilidade de o biografado "achar" alguma coisa será se o biógrafo ouvir de um informante que o biografado disse isso a ele. E mesmo assim essa informação deve ser recebida com reservas — uma biografia é uma sequência de fatos, não uma transmigração de pensamentos.

Não é necessário dizer que esse cuidado precisa ser redobrado na reprodução de falas dos personagens. Há biografias em que páginas inteiras são ocupadas com diálogos que não só o autor como nenhum personagem pode ter escutado. Nem todos os leitores percebem isso, donde a prática continua corrente e impune. Em meus livros, só me permito incluir diálogos que me tenham sido contados por um dos participantes, por uma testemunha do diálogo ou por alguém que o tenha ouvido de um dos participantes. Supõe-se sempre, claro, um mínimo de inexatidão.

Na apuração, há várias maneiras de aferir a veracidade de um diálogo ou fala que nos esteja sendo narrado por um informante. A principal é esta: perguntar quem, quando e como escutou e não se contentar com qualquer resposta. Outra é o biógrafo já estar tão adiantado no trabalho que consegue identificar equívocos no diálogo — como quando um deles menciona, digamos, um amigo, emprego ou endereço que ainda não existia na vida do biografado. E ainda outra é, ao narrar o diálogo, o informante não reproduzir a maneira particular de o biografado se expressar.

Na apuração para minha biografia de Carmen Miranda, encontrei dezenas de pessoas que haviam conversado com ela, no Brasil ou nos Estados Unidos. Muitas me contaram seus diálogos com Carmen, e o que me encantou foi que, ao fazer isso, todas atribuíam a ela um mesmo jeito de falar — uma dicção peculiar, sensual, esfuziante, carioca, com um leve eco lusitano, cheio de gírias, coloquialismos e palavrões. A partir de certo momento, diante de tantas repetições ao entrevistá-las, passei a me sentir ouvindo a própria Carmen, e isso reforçava a veracidade dos depoimentos. Evidente que a Carmen do dia a dia não falava como a dos filmes — porque, nestes, ela estava representando, dizendo frases decoradas e em inglês. Outra revelação foi que, na vida real, Carmen não falava com o sotaque caricatural que seus personagens tinham de usar na tela. Seu inglês era correto, fluente, efetivo. Podia não ser o de Katharine Hepburn em *Núpcias de escândalo* (1940), mas também não era o de Greta Garbo quando ela ainda dizia *"I vant to be alòne"*.

Uma pergunta recorrente em meus cursos é sobre o possível uso da imaginação pelo biógrafo para suprir lacunas na apuração. Já falei disso antes: "Quando se tem a informação X e a informação Z, mas falta a informação Y, como se faz? Pode-se completar a lacuna com uma dedução ou suposição?".

O aluno quer saber se é legítimo o biógrafo lançar mão desse expediente. Minha resposta é que, se fosse, equivaleria a ser possível tirar um ás da manga numa mesa de pôquer, comprar o goleiro adversário numa disputa de pênaltis ou mentir sob juramento no tribunal. E acrescento que o biógrafo que fizer isso estará sendo tão desonesto quanto tolo, porque o fascínio desse trabalho está justamente na descoberta das informações — e mais ainda nas difíceis e desafiadoras. Se o biógrafo se dispõe a inventar, por que não se dedica logo à ficção?

Sou caninamente purista em relação às biografias. Como já disse, não admito que o biógrafo tome liberdades com os fatos, maquie a história, se intrometa na narrativa ou deixe que suas opiniões contaminem a verdade. De todos esses pecados, no entanto, o pior é o do biógrafo que se faz de onisciente na história.

Costumo mencionar a decepção que senti ao ler, há anos, uma biografia da cantora lírica Maria Callas, de origem grega, por uma biógrafa americana. Logo nas primeiras páginas, havia algo mais ou menos assim: "Fulano de Tal, avô de Maria Callas, estava sentado, sozinho, no centro de uma praça ensolarada de Atenas em 1880, cantarolando para si mesmo a ária da ópera tal e pensando em como seria sua vida se etc. etc." — e seguia com a história. Fechei o livro. Gostaria de saber como a biógrafa escutou o que o avô de Maria Callas estava cantarolando, sozinho, para si mesmo, no meio de uma praça ensolarada em Atenas em 1880 — cem anos antes! Alguém escutou? E estava mesmo ensolarado e não chovendo? (Os jornais gregos da época já tinham uma seção de meteorologia?) E como a biógrafa podia saber em que vovô estava pensando?

Devia ser o que chamam de "biografia romanceada". Mas, se for, será talvez um mau romance, não uma boa biografia. O biógrafo não pode penetrar nos pensamentos de alguém, a não ser que este tenha contado para uma fonte (e, de preferência, mais de uma) o que estava pensando naquele momento.

É verdade que, em *Chega de saudade*, paradoxalmente, descrevo o fluxo de pensamento de João Gilberto trancado no banheiro da casa de sua irmã Dadainha, em Diamantina, em 1955. Nele, João Gilberto relembra os músicos e cantores que o influenciaram e o levaram a criar um jeito de cantar e a batida de violão que, pouco depois, seriam chamados de... Bossa Nova. Essa recordação incluía a enunciação suave e natural do Orlando Silva de 1935-42; o jeito revolucionário de Lucio Alves dividir as frases; as quebras de João Donato ao acordeom; o repertório dos Anjos do Inferno (lançadores de "Doralice", "Rosa Morena", "Bolinha de papel", "Eu sambo mesmo"); o veludo do trombone do americano Tommy Dorsey; o canto sem vibrato de Joe Mooney e Matt Dennis; o canto baixinho, quase sussurrante, do grupo vocal-instrumental Page Cavanaugh Trio; e vários outros artistas que admirava.

Sabendo de minha intransigência em decifrar pensamentos de biografados, mais de um leitor me perguntou como eu podia saber o que se passara pela cabeça de João Gilberto trancado sozinho num ambiente fechado, naquele remoto ano de 1955. É simples. Meus informantes foram três ex-colegas de João Gilberto nos Garotos da Lua: Jonas Silva, Acyr e Alvinho. Ao voltar para o Rio, em 1957, ele os procurou para lhes contar o que andara fazendo durante seu sumiço e lhes explicou como chegara àquele novo formato — e os três, separadamente, me repetiram o que ele falou. Mas só me convenci quando confirmei todo aquele elenco com o próprio João Gilberto, nas conversas que mantive com ele por telefone, induzindo-o a falar de um por um.

Uma biografia não se limita ao biografado. Consiste também nos vários grupos de pessoas ao redor dele. Por ordem decrescente, eis alguns desses grupos: os grandes amigos e inimigos; sua família imediata; os colegas de trabalho e de profissão; os conhecidos e os parentes mais remotos; e, por fim, mas não por último, sua cidade, seu país e seu tempo. A vida de alguns deles, como os amigos e os inimigos, pela extensão de sua participação na história do personagem, exige uma apuração mais atenta, quase como se fossem eles os biografados. Mas uma coisa é a apuração, e outra, o ato de escrever. Neste, a partir do momento em que o biografado entra em cena — o que, como vimos, só deve acontecer no momento certo —, este não pode mais sair do primeiro plano. Ou seja, não pode passar mais que duas ou três páginas seguidas fora da narrativa. Todos que o cercam são importantes, mas ele é a figura central. Alguns colegas biógrafos às vezes se empolgam com um coadjuvante ou um fato paralelo, pegam esse ramal e se esquecem de voltar. É um erro. Não se deve abandonar o personagem. Digo isso porque, muito antes de pensar em escrever biografias, eu me perdia quando, ao ler uma célebre coleção de fascículos vendidos em bancas sobre a música popular brasileira, os artigos às vezes não tinham continuidade.

Num dos fascículos sobre a Bossa Nova, o texto começava dizendo: "A Bossa Nova começou quando João Gilberto gravou o samba 'Chega de saudade', de Tom Jobim e Vinicius de Moraes, no dia 10 de julho de 1958" — não foi bem assim, mas vamos lá —, e a partir daí eu esperava os detalhes técnicos, musicais e pessoais dessa gravação que, afinal, dividiu a música popular. Mas, ato contínuo, o texto partia para uma descrição do contexto político, econômico e social do período: "Naquele ano, o Brasil era governado por Juscelino Kubitschek, que, com seu programa desenvolvimentista, estava construindo Brasília, criando a indústria automobilística etc.". Seguiam-se páginas e páginas dedicadas a JK, com João Gilberto sendo deixado lá atrás, e, quando ele voltava à narrativa, quase tinha de ser novamente apresentado ao leitor. Ali aprendi que não se deve interromper a narrativa para dar uma aula de história que, no fim das contas, ninguém pediu.

Sem dúvida, é preciso dar ao leitor o panorama de lugar e época em que o biografado se move. O problema é fazer isso sem o leitor perceber. Como? A maneira que descobri foi, desde o começo, extrair dos entrevistados o máximo de informações pessoais e jogá--las *casualmente* na narrativa, sempre que a ocasião pedisse ou permitisse.

Em geral, as pessoas até gostam de responder sobre seus hábitos e preferências pessoais. Mas pode acontecer de, de repente, o biógrafo enfrentar certa resistência. Nas entrevistas para *Chega de saudade*, o pessoal da Bossa Nova às vezes se impacientava quando eu fazia perguntas sem aparente relação com a música, como "Que cigarro você fumava?", "Em quem votou naquela eleição?", "Já tinha entrado alguma vez num avião?", "Quantos anos levou para comprar o Buick?" ou "Aonde levava as suas namoradas?". Alguns retrucavam: "Não sei, não me lembro, foi há mais de trinta anos e, afinal, que importância tem?". Mas eu insistia ou ia buscar as respostas em outras fontes. Acumulei material considerável e, ao escrever, ia intercalando essas informações no texto. Se o personagem comprasse um carro, ficava-se sabendo a cor, a marca e o ano do veículo. Se ele mudava de endereço, eu dizia se era para um apartamento ou casa, se dele próprio ou alugado, e descrevia os móveis e talvez até seu cachorro ou periquito. A soma de tudo isso daria ao leitor uma ideia da vida e dos costumes da época — e o faria se sentir *dentro* da narrativa.

Acho que fiz o trabalho direito, porque, ao lerem o livro, os ditos entrevistados finalmente se lembravam muito bem de tudo: qual cigarro fumavam, quantos anos levaram para comprar um carro, o nome do seu cachorro e também que, quando não podiam levar a namorada ao Hotel Leblon — uma espécie de motel do Rio muito antes dos motéis —, o jeito era apelar para a praia à noite, onde, por causa da areia, o sexo era à milanesa.

Como disse no começo, *Chega de saudade*, *A noite do meu bem* e *Metrópole à beira-mar* não são biografias, mas livros de reconstituição histórica — aquela que põe o cenário e a época em primeiro plano e, aparentemente, não tem um personagem principal nem fio condutor. Mas só aparentemente, porque sempre haverá um fio: a cronologia. Se a história se passa dentro de um determinado tempo, segui-lo à risca facilita sua absorção pelo leitor.

Há momentos, no entanto, em que há muita coisa acontecendo de uma só vez na história. Sendo impossível reproduzir essa simultaneidade, é preciso fazer escolhas. O que escrever primeiro? Por quantas páginas poderei sustentar esse assunto? Que outro se seguirá? Essas são algumas perguntas recorrentes. Pessoalmente, tenho sempre em vista o mandamento básico dos jornalistas ao organizar uma notícia: estabelecer o que, quem, quando, onde, como e por que se deu cada fato. Na maioria dos casos, isso determinará a ordem e a lógica desses fatos, sem deixar o leitor se perder.

Mas o que fazer quando o livro é composto de quinze ou vinte personagens principais e mais de duzentos coadjuvantes, todos heroicos, rebeldes e suicidas, gente que, de 1920 a 1970, marcou a história do Brasil mesmo que este não os conhecesse, e todos merecedores, cada qual, de um ou mais livros? Esse foi o problema que enfrentei em *Ela é carioca*.

A solução era começar cada verbete com uma frase ou ideia tão atraente que fisgasse o leitor desde a primeira linha e o estimulasse a continuar lendo. Mas como fazer isso? Primeira medida: nenhum verbete poderia partir de "Nasceu em..." ou "no dia tal". E todos tinham de começar de maneira diferente — com uma frase deles, uma observação minha ou um fato surpreendente. A última e definitiva edição de *Ela é carioca*, lançada em 2020, saiu com 238 verbetes. O leitor está convidado a percorrê-los e conferir se o autor conseguiu.

Outro problema em *Ela é carioca* envolveu os verbetes dos mais famosos. Tudo que eu escrevesse sobre Roniquito de Chevalier, Cesar Thedim ou Zequinha Estellita seria novidade para o leitor, já que não havia material sobre eles em lugar nenhum. Mas o que dizer sobre Tom, Vinicius, Leila, Millôr, Glauber Rocha ou sobre a Bossa Nova, a Banda de Ipanema ou o *Pasquim* que já não tivesse sido narrado incontáveis vezes? Se não quisesse repetir as famosas histórias, teria de achar um ângulo novo em que enquadrá-los. E esse ângulo, ao me ocorrer, também foi o óbvio: eu iria escrever sobre eles do ponto de vista de Ipanema — do que o bairro representara para eles e vice-versa. Como se, pela primeira vez, os personagens fossem vistos pelo prisma do cenário.

Ao fazer isso, descobri coisas que não esperava. Sobre Tom, dei-me conta (e só então) de que, à medida que ele se afastou fisicamente de Ipanema nos anos 60, indo morar em outros bairros do Rio, sua música também mudou. A cada novo endereço, sempre mais longe da praia e rumo ao continente — a Gávea, o Jardim Botânico e o alto do mesmo Jardim Botânico, para não falar de seu apartamento em Nova York, de frente para o Central Park —, sua música foi substituindo a temática de mar, verão e corpos dourados pela dos motivos rurais, ecológicos, ligados à floresta. Sua vida também mudou. Falei sobre tudo isso em seu verbete.

Já no caso de Vinicius de Moraes, o fenômeno foi de mão dupla. Vinicius era cidadão da pacata Gávea e diplomata, com todas as pompas do ofício. A convivência com Ipanema contaminou-o com o espírito da informalidade, da camisa aberta e do sapato sem meia. Aos poucos, ele se despiu do Itamaraty e, a partir daí, foi ele quem despiu Ipanema de tudo que fosse institucional. Influenciados por ele, muitos se dispuseram a trocar de paixões — amorosas, literárias, profissionais — e aceitar pagar o preço. Vinicius deu o exemplo, trocando a poesia pela música popular, a carrière pelo candomblé, e de mulher tantas vezes quantas a paixão o convocou. Mas não era um devasso — ao contrário, acreditava tanto no casamento que se casou nove vezes. Seu colega de rimas e metáforas Carlos Drummond de Andrade classificou-o como "o único, entre nós, a viver como poeta".

Em *Ela é carioca*, como se vê, cada verbete era um recomeço. Mas, para quem gosta de escrever, esse é um desafio sem preço.

Você agora me perguntará: o que fazer diante de casos melindrosos, polêmicos, quase proibitivos, na vida do biografado? Devem ser contados, amaciados ou omitidos? E eu responderei que, não importa o quê, tudo aquilo que for importante deve ser relatado — desde que seja indispensável à compreensão da história e você tenha certeza do que está contando.

O que o biógrafo não pode fazer é, diante de uma controvérsia, dar as várias versões sobre o episódio — digamos, "Segundo Fulano, [o personagem] não se limpava atrás das orelhas. Segundo Beltrano, se limpava, sim" — e lavar as mãos e achar que cumpriu seu papel. Isso só denuncia que ele não apurou o caso direito. Se for importante, o biógrafo não pode descansar enquanto não descobrir se o personagem se limpava ou não, nem que tenha de exumá-lo e analisar o que sobrou das orelhas. Mais fácil, naturalmente, será falar com o máximo de pessoas que tinham acesso à higiene do personagem e, dirimida a dúvida, assumir o fato. E, numa biografia, há tempo para isso. Ela não é um texto que precisa ser entregue antes das seis da tarde para não atrasar o jornal. Nem que leve um ano ou mais, alguém lhe mostrará as provas de que o sujeito se limpava — ou não — atrás das orelhas.

Quase sempre o biógrafo se verá às voltas com controvérsias mais importantes. Passei por isso em diversos livros, notadamente em *Estrela solitária*. Já no começo do trabalho as pessoas me paravam na rua, no Rio, e perguntavam se eu teria "coragem de contar que Garrincha era filho de uma irmã". Eu respondia que ouvira falar disso, que iria apurar e, se fosse verdade, contaria, sim.

A origem dessa suspeita (que, pelo número de vezes em que fui abordado a respeito, já parecia ter foros de lenda urbana) era uma reportagem no *Jornal do Brasil*, em fins de 1982, com Garrincha ainda vivo. Ao ler aquilo no jornal, ele ficou magoado. O repórter era seu amigo, conhecia-o muito bem, como poderia ter inventado aquela história? Mas o repórter não a inventara. Sua fonte fora o ex-jogador Gilbert, então funcionário da entidade de ex-jogadores que tentava ajudar Garrincha. Mas Gilbert, por sua vez, se baseara numa teoria que ouvira de alguém — tudo muito vago, como se vê — sobre a incidência de "desvios" psiquiátricos em pessoas nascidas de incestos, sendo o caso de Garrincha uma hipótese. Gilbert tomou essa suposição por verdadeira e a repassou ao repórter, que não cuidou de checá-la. A ser verdade, significava que o pai de Garrincha, Amaro, teria estuprado uma filha e a engravidado.

Era grave, mas não difícil de investigar. Por aqueles dias, eu iria pela primeira vez a Pau Grande, distrito de Magé (RJ), onde Garrincha nascera. E tinha como cicerone o estilista Luiz de Freitas, dono da confecção masculina Mr. Wonderful, cuja fábrica ficava justamente naquela cidade. Freitas era filho da terra e sua família morava lá desde o começo do século XX, muito antes da chegada dos pais de Garrincha. Luiz me apresentou a várias famílias pioneiras da região, ex-operários da lendária fábrica de tecidos local, todos já acima dos oitenta, mas firmes, alertas e politizados. Suas mulheres me contaram sobre d. Carolina, mulher de Amaro, grávida do garoto que nasceria em 1933 e que elas acompanhariam pela infância e depois ficaria famoso como Garrincha. Podia ser o bastante. Mas o que me fez encerrar o assunto foi quando, no mesmo dia, conheci d. Rosa, a irmã mais velha de Garrincha. Era apenas oito anos mais velha do que ele.

Donde, definitivamente, Garrincha não era filho de uma irmã. Mas, se a investigação apontasse para uma conclusão diferente, eu não hesitaria em publicá-la. Assim como não hesitei em falar no livro dessa infâmia em que tantos acreditavam. Afinal, ela se tornara parte da biografia de Garrincha.

E, então, caso o autor tenha optado pela ordem cronológica para narrar a vida de seu biografado, chega o momento em que este... morre. E, com isso, é o fim da biografia, não?

Para mim, é. Encerrei secamente *Estrela solitária* com a morte de Garrincha. Em *Carmen: uma biografia*, prolonguei o livro até o enterro da artista, uma semana depois. E tive bons motivos para cada uma dessas opções.

Se uma biografia se baseia em fatos, estes deixam de existir com a morte do personagem, a não ser que alguém profane o cemitério e sequestre o corpo dele para fins escusos. Para mim, tudo que se refere a uma pessoa depois de sua morte — por exemplo, a maneira como a posteridade passou a enxergá-la — será matéria muito mais para os ensaístas do que para os biógrafos. Não quer dizer que, desde que não traia a informação, o biógrafo não possa jogar com o tempo.

O ponto-final de *O anjo pornográfico* era a morte de Nelson Rodrigues, em 1980, a poucos dias do Natal. Para fazer justiça a Nelson e preparar o leitor para esse desfecho, decidi antes citar um parágrafo de uma crônica de Natal, "A vigília dos pastores", que ele publicara no *Globo*. E assim fiz: transcrevi o trecho, trouxe Nelson de volta à cena e narrei sua agonia final, num hospital em Laranjeiras. Acabava o livro.

Dei o capítulo a Heloisa para ler e, com seu instinto de ficcionista, ela me sugeriu inverter o final — descrever a última noite de Nelson e, como num breve flashback, só então transcrever o trecho de sua crônica no Globo. Este aqui:

Escrevo à noite. Vem na aragem noturna um cheiro de estrelas. E, súbito, eu descubro que estou fazendo a vigília dos pastores. Aí está o grande mistério. A vida do homem é essa vigília e nós somos eternamente os pastores. Não importa que o mundo esteja adormecido. O sonho faz quarto ao sono. E esse diáfano velório é toda a nossa vida. O homem vive e sobrevive porque espera o Messias. Neste momento, por toda a parte, onde quer que exista uma noite, lá estarão os pastores — na vigília docemente infinita. Uma noite, Ele virá. Com suas sandálias de silêncio entrará no quarto da nossa agonia. Entenderá nossa última lágrima de vida.

Fiz o que Heloisa sugeriu e, por um passe de mágica, era como se os pastores descritos por Nelson tivessem chegado para levá-lo. Tempos depois, o jornalista Luiz Fernando Mercadante o descreveria como um dos mais belos finais da literatura brasileira. Mérito não meu, mas de Heloisa, que o sugerira, e de Nelson, que o escrevera.

Não é fácil matar o biografado. No trabalho de uma biografia, que pode tomar anos, o biógrafo levou muitas horas alheio à própria vida e se transportou, mesmo vicariamente, para a do personagem. O envolvimento é inevitável — cada informação ou descoberta é motivo de entusiasmo, embevecimento ou decepção. A pessoa que estava se construindo à sua frente pode não ter resultado exatamente na que ele imaginara quando se decidiu a biografá--la. Pode também ter saído melhor. Ou talvez nem o biógrafo esperasse uma trajetória tão cheia de acidentes, felizes ou infelizes.

Passei por tudo isso em meus livros. Sabia de antemão de algumas tragédias na vida de Nelson Rodrigues porque, em suas memórias, ele falara de leve sobre algumas delas. Mas não imaginara a saraivada de horrores, e à medida que eles iam se acumulando eu já me perguntava sobre qual seria o próximo. No caso de Garrincha, nem minha experiência com o alcoolismo me fizera prever o grau de destruição que ele impusera ao jogador. E, quanto a Carmen, um dos motivos pelos quais eu me jogara em sua vida fora entender sua dependência química, mas não me preparara para o que esta lhe fizera.

Já tendo aprendido tudo sobre o biografado na fase da apuração, o biógrafo, ao escrever, sempre sabe o que virá a seguir e sofre com a ideia de que não poderá alterar o curso dos fatos. Trezentas ou quatrocentas páginas depois, ele vê a morte se aproximando do personagem. Em mais um ou dois capítulos, terá de escrevê-la.

Numa das últimas páginas do livro sobre Carmen, ela está em Beverly Hills recebendo alguns amigos. Eram dez ou doze pessoas, que, naquela tarde, tinham assistido, convidadas por ela, à filmagem de sua participação no programa de televisão do comediante Jimmy Durante. No palco, dançando com Durante, Carmen já se sentiu mal. O ar lhe escapou por um instante e ela dobrou os joelhos. Mas se recuperou. Terminado o trabalho, despediu-se de Jimmy e levou os amigos para sua casa. As horas seguintes foram de festa — Carmen cantou, dançou, fez imitações, contou piadas. Não sabia que aquelas eram suas últimas horas de vida.

Carmen não sabia — mas eu, sim.

Dali a pouco, ela se sentiria indisposta e pediria licença para se retirar. Mas ordenou: que ninguém fosse embora, todos ficassem. Muito antes, seu marido, o americano David Sebastian, hostil aos brasileiros, já fora dormir. Carmen começou a subir a escada. Parou para assinar uma foto que uma menina, filha de um dos presentes, lhe estendeu. Jogou beijos, deu boa-noite e subiu de vez. A festa continuou. No andar de cima, Carmen foi ao closet, tirou a roupa, vestiu um robe e se dirigiu ao banheiro para remover a maquiagem. De volta ao quarto, ainda no corredor, e com um espelho na mão, sofreu o infarto fatal. Caiu ali mesmo, no carpete, sem um grito. Estava morta.

Carmen ficou sozinha, no chão, pelas horas seguintes, enquanto seus amigos, inocentes do que se passava, ouviam discos, riam e se divertiam lá embaixo. Ao irem embora, não tinham ideia do que acontecera. O próprio Sebastian só a descobriria na manhã seguinte. Como escrever isso depois de quase cinco anos vivendo um caso de amor com aquela mulher?

Quando o livro saiu, tive de ouvir: "Como sabe que ela subiu a escada, assinou uma foto, jogou beijos e deu boa-noite? Você estava lá?". Não, mas a cena me fora descrita por três pessoas que estavam: Harry, do novo Bando da Lua; a jornalista Dulce Damasceno de Britto, íntima de Carmen; e Sheila, a menina que pedira a assinatura de Carmen na foto, filha de Jackson Flores, outro brasileiro presente. E todos me contaram a mesma história.

Mas eu não queria que o livro terminasse com um acento grave e triste — Carmen não gostaria disso. Ocorreu-me então a beleza de sua morte, que, bem ao seu estilo, ela não deixara ninguém ver, para não interromper a alegria de seus amigos. Ocorreu-me também que seu enterro, uma semana depois, com sua vinda para o Rio em caixão de bronze, e o cortejo-monstro que a acompanhara ao São João Batista, era a realização de um desejo de que ela falara muitas vezes — de voltar um dia para o Carnaval, anonimamente, e se misturar com a multidão que cantava sambas e marchinhas pelas ruas. Foi o que fez a multidão que a levou: levou-a cantando seus muitos sucessos. E, só depois de narrar isso, terminei o livro. Se me permitem uma nota íntima, seguiu-se ao ponto-final uma lágrima sobre o teclado. Minto — foram muitas lágrimas. Eu não queria que aquele trabalho terminasse.

Havia outro motivo para comoção. Em fins de janeiro daquele ano de 2005, com as primeiras cem páginas do livro sobre Carmen já escritas, recebi do dr. Jacob Kligerman um diagnóstico que nunca esperara: câncer de base de língua. Não era algo que tivesse surgido de repente — sem que eu o percebesse, aquele processo começara havia seis meses. O surpreendente, até para mim, é que, ao receber essa informação, não pensei na possibilidade de morte, mas na de atrasar a entrega do livro.

O tratamento provaria que esse atraso deveria ser a última das minhas preocupações. Pelos quatro meses seguintes, eu me submeteria a sete sessões de quimioterapia, 34 de radioterapia e uma enorme cirurgia. Não vou detalhar aqui o que aconteceu. O relato dramático e minucioso está em *O oitavo selo*, o livro de Heloisa Seixas sobre esse e outros de meus confrontos com a morte. Basta dizer que, entre uma e outra dessas sessões, nunca parei de escrever, em hospitais ou salas de espera de clínicas, plugado a soros ou me recuperando do bisturi.

Conto isso para dizer que aquelas cem páginas já escritas ocuparam as primeiras sessenta páginas do livro impresso. Todas as demais foram escritas durante o tratamento. E, ao relê-las hoje, orgulho-me de não ter deixado transparecer o que estava vivendo. Como já disse, o biógrafo não passa de uma parede de vidro entre o leitor e o biografado. Não fala na primeira pessoa, não se deixa ver pelo leitor e, a rigor, não existe. Se está doente, lutando pela vida, o problema é dele — não do leitor.

Perguntaram certa vez a Abraham Lincoln, que era muito alto, qual deveria ser o comprimento ideal das pernas de um homem. Lincoln respondeu: "O suficiente para que cheguem ao chão". Essa história está numa crônica de Woody Allen em seu livro *Sem plumas*, traduzido por mim para a L&PM em 1979. O mesmo pode se aplicar à pergunta "Quantas páginas deve ter uma biografia?". Resposta: "Quantas forem necessárias para que o livro fique em pé". E em pé, no caso, para que dê conta da vida que promete cobrir.

Uma das maiores biografias já feitas, em apuração e qualidade literária, é a de James Joyce por Richard Ellmann, intitulada apenas *James Joyce*, que já mencionei. É um tijolo. Meu exemplar, na edição em brochura da Oxford University Press, de 1966, tem 842 páginas. A composição é apertada, e a mancha, tomando a página praticamente toda, é quase aderente à costura. Pelos padrões de hoje, com composição e entrelinha maiores e mais confortáveis, passaria fácil de mil páginas. A própria biografia do dr. Samuel Johnson por James Boswell, de que também falei antes, tem 1200 páginas em minha edição da Modern Library. Mas isso não é nada. Tenho biografias de Charles Dickens, Bernard Shaw e Graham Greene, cada qual em três volumes, com oitocentas páginas — por volume. Tudo bem, eles eram grandes escritores e tiveram uma vida extraordinária. Ninguém trabalhou mais do que Dickens, Shaw foi um gênio até os 94 anos e Greene levou a vida correndo o mundo, inclusive como espião britânico na Segunda Guerra. Mas uma coisa é o leitor passar anos se deliciando com a obra desses homens; outra é morrer de velhice lendo sobre cada carta que trocaram com seu editor, sobre eventuais ataques de azia ou sobre suas tentativas de driblar os impostos. Biografias intermináveis tendem a perder tempo e espaço com detalhes menos relevantes da vida do sujeito e arrastar a narrativa de forma a obscurecer o que realmente importa.

Então qual é a resposta para a pergunta sobre o número ideal de páginas de uma biografia? A resposta é o bom senso. Em vez de se achar na obrigação de "dar tudo" sobre o personagem, o biógrafo precisa exercer sua sensibilidade para saber, fosse ele o leitor, até que ponto acharia indispensável esta ou aquela passagem. Uma biografia não é composta só de informações, mas também de fluência, ritmo e legibilidade.

Não importa a experiência profissional que já tenha acumulado, cada biografia aperfeiçoa o biógrafo. Ensina-o a ser mais eficiente na apuração, a organizar melhor as informações e a escrever com mais precisão. Aconteceu comigo, daí minhas biografias, à medida que iam aparecendo, crescerem em tamanho: *O anjo pornográfico* saiu com 460 páginas; *Estrela solitária*, com 520; e *Carmen*, com seiscentas, redondas. Não porque cada uma fosse mais importante que a anterior, mas porque mergulhei mais fundo na imprensa do período, descobri mais documentos perdidos e ouvi mais fontes e mais vezes cada fonte. E, mesmo tendo eu buscado ser mais conciso e direto, os livros tiveram de crescer.

Hoje, com os recursos do computador, pode-se medir o tamanho do livro em número de caracteres, palavras ou páginas, à medida que o escrevemos. Foi o que fiz na fase quase final da escrita de *Carmen*. Ao querer saber a quantas estava, descobri que já passara de 450 páginas do livro e que, como a história estava em 1945, eu ainda teria dez anos da vida de Carmen a escrever. Naquele ritmo, ele chegaria a seiscentas páginas, o que, com as fotos e ilustrações intercaladas no texto, o faria chegar a setecentas. A preocupação se justificava porque, se o biógrafo é um profissional, precisa atentar para o produto. Livros muito grossos custam mais para produzir, saem mais caros para o comprador e são de difícil leitura na cama — se o leitor cochilar, arrisca-se a soltá-lo sem querer e ter uma ou duas costelas quebradas pelo peso do livro. Donde, ao escrever o que faltava, eu deveria cuidar para que *Carmen* não crescesse demais.

Como fazer? Correr com a história, omitir detalhes, acelerar o passo? Nunca. Isso provocaria um desequilíbrio na cadência com que ela estava sendo contada até então. E omitir detalhes, justamente na fase mais dramática da vida de Carmen, seria trair o leitor, o que estava fora de questão.

Mas não havia outro jeito, e bastou alguma criatividade para produzirmos um belo caderno gráfico que derrubou todos os meus preconceitos. Primeiro, dividimo-lo em dois cadernos de dezesseis páginas — o primeiro, em preto e branco, como, aliás, o exigiam as fotos e caricaturas produzidas durante a vida e a carreira brasileira de Carmen, de 1909 a 1939; o segundo, em glorioso Technicolor, reproduzindo cartazes, cenas de filmes e imagens de Carmen em Nova York e Hollywood (nem podia ser diferente, porque a fotografia em cores só se tornou acessível e corriqueira exatamente quando Carmen estava indo para a América). E, com as imagens concentradas em 32 páginas, *Carmen* saiu volumoso, mas ainda ótimo para manuseio — e o suficiente para ficar em pé.

Uma biografia termina quando acaba a história — mas renasce inúmeras vezes na vida do autor.

# 4
## A EDIÇÃO DO LIVRO

Você acaba de pensar numa biografia — o que fazer?
• Como chegar a uma editora? E como se apresentar a ela? • Minha história com a Companhia das Letras
• De olho no relógio: o prazo para entregar o livro
• O livro está pronto — e agora? • Como resolver o problema das imagens na biografia?
• Trabalhar ou não com uma equipe? • O livro vai sair — como passar a viver sem o biografado?

Sim, eu sei, tudo que falamos até agora pressupõe que já haja uma editora no horizonte para você publicar seu livro. Ou, no caso de uma edição particular, que você tenha se acertado com uma gráfica ou empresa do ramo. Há muitas em toda parte. Elas recebem o seu texto, dão-lhe um retoque básico, produzem uma bela capa, levam-no às máquinas e lhe entregam uma tiragem mínima de quinhentos exemplares.

Mas vamos supor que ainda estejamos no patamar inicial. Você pretende biografar, digamos, uma famosa escritora, um político nacional ou um craque de futebol e gostaria de submeter essa ideia a uma editora. O que fazer? Como chegar a ela? Com quem falar? Quais são as suas chances de ser ouvido?

Ao contrário do que se pensa, não é tão difícil. As editoras costumam expor seu endereço postal ou eletrônico no começo ou no fim de seus livros, geralmente na página da ficha catalográfica. Uma carta ou mensagem para esse endereço chegará às mãos da pessoa responsável e, mesmo que você não tenha um nome conhecido ou experiência no gênero, sua proposta será estudada. Basta pôr no papel, de forma objetiva e sucinta, algumas informações.

1. *Apresente-se: quem é você?* Qual é a sua formação? Qual é a sua ocupação principal? Já escreveu ou publicou alguma coisa em algum lugar? Se sim, anexe um ou dois recortes.

2. *Costuma ler biografias?* Qual é a sua ideia sobre elas? Cite algumas de que tenha gostado. Por que se julga apto a biografar aquela pessoa? É admiração pela obra ou curiosidade sobre a vida dela?

3. *Qual é, para você, a importância do biografado?* Esta será a primeira biografia dele? E, se existirem outras, o que a sua terá de diferente?

4. *Como pretende trabalhar?* Quantas e quais fontes de informação calcula ouvir? Como pensa encontrá-las?

5. *Já tem um capítulo esboçado ou com texto final?* Se tiver, junte-o ao pacote.

Para decidir se aceita um autor desconhecido, toda editora precisa certificar-se de que ele sabe escrever. Para isso servirão os textos acima, mesmo (e de preferência) curtos. Daí muitas biografias serem feitas por jornalistas, não apenas por seu nome já ser conhecido, mas porque se pode avaliar seus textos pelas matérias assinadas.

No caso de a editora não se convencer de sua aptidão para a tarefa, você receberá uma resposta educada, com a explicação de que ela já tem um trabalho em preparo sobre aquele biografado, o que é possível, ou, mais provável, que sua programação de lançamentos para os próximos meses já está fechada. Alguns principiantes temem que sua ideia de um livro sobre alguém seja "roubada pela editora" e entregue a um biógrafo mais experiente. Mas essa possibilidade é remota — é difícil que a alguém de fora ocorra um biografável que já não tenha sido cogitado pela editora e, se essa biografia ainda não foi feita, é porque a editora está à espera de um projeto mais sólido. Exemplos: é raro o dia em que uma editora não recebe um projeto de livro "sobre" Chico Buarque, Caetano Veloso ou Gilberto Gil. Mas em que consistem esses projetos? São livros sobre a obra, não sobre a vida deles. Prometem mergulhos teóricos com base na análise de suas letras ou abstrações sobre o alcance político e social delas. Infelizmente, já existem dezenas desses livros. O incomum é alguém propor uma biografia de verdade — uma investigação que vá aos fatos, revire gavetas e se disponha a ouvir de duzentas a trezentas fontes sobre a vida de um deles.

Se a editora se interessar pelo seu projeto, alguém entrará em contato, e vocês iniciarão uma rica conversação. Começará ali o fascinante processo de construção de uma biografia, que se estenderá da primeira vez que você sair para entrevistar uma fonte até, um bom tempo depois, a chegada do livro impresso às suas mãos. Serão anos de surpresas, descobertas, decepções e, principalmente, de euforia a cada informação conquistada. É assim que se dá o trabalho numa biografia.

Na imensa maioria dos casos, o contrato com uma editora estipula um adiantamento de direitos autorais. Cada exemplar vendido costuma render ao autor 10% do preço de capa do livro, que vão sendo descontados desse valor inicial. Uma vez que a soma dos royalties ultrapassa o adiantamento, o autor recebe novos depósitos periódicos referentes ao acerto das vendas.

O valor desse adiantamento depende do biógrafo, do biografado e do potencial comercial do livro, mas costuma ajudar os autores. Editoras maiores podem ainda oferecer uma verba exclusiva para a pesquisa, que cobre custos de viagens, transcrições e compras de livros. De todo modo, é difícil garantir que o dinheiro consiga sustentar o autor integralmente durante a feitura da biografia, que pode levar anos. O mercado brasileiro há muito não está para isso. Outras bolsas ou patrocínios podem sair, mas também não passam de uma hipótese.

Seja como for, é um trabalho maravilhoso e que, se fosse preciso, eu pagaria para fazer. Aliás, é o que com frequência acontece: pago para fazê-lo — no sentido de que, durante o processo de apuração das informações e a efetiva fase da escrita, minha fonte de renda é meu trabalho na imprensa, porque eu prefiro não receber adiantamentos. Enquanto não chegaram às livrarias e passaram a render royalties, quase todos os meus livros foram feitos na base do amor. Essa é a realidade de 90% dos escritores brasileiros.

Foi Luiz Schwarcz, então na Editora Brasiliense, quem me inventou como escritor. O ano era 1985, eu tinha 37 anos e era jornalista profissional havia quase vinte. Já passara por toda a grande imprensa do Rio e de São Paulo e estava então como repórter especial da *Folha*. Luiz me levou para almoçar no Carlino, tradicional restaurante no centro de São Paulo, e falamos de livros. Nos meses seguintes, sugeri-lhe títulos e autores, escrevi prefácios e orelhas a seu pedido e, pela primeira vez, contemplei a ideia de trabalhar com esse objeto que me acompanhava por toda a vida. Em 1986, quando Luiz deixou a Brasiliense e fundou a Companhia das Letras, era esperado que eu colaborasse com a nova editora. Sugeri-lhe uma antologia de frases de humor de escritores brasileiros e internacionais modernos. A ideia em si não era original, exceto pelo fato de que, em vez de reunir frases positivas e edificantes, como na maioria das antologias, essa seria composta de frases ácidas, maldosas e mal-humoradas. Dali surgiu, em 1989, *O melhor do mau humor*, título dado por Luiz. Mas, desde antes, eu já vinha trabalhando num projeto mais ambicioso e que saiu em fins do ano seguinte, sobre a Bossa Nova. E nunca mais parei. Devo ter dado certo, porque sou hoje o autor em atividade mais antigo da Companhia das Letras e com mais títulos publicados.

Desde o começo, sempre que tive uma ideia para um livro, minha primeira providência foi discuti-la com Luiz. Em 1988, quando pensei em escrever uma história da Bossa Nova, expus-lhe a ideia e, ao fim da conversa, *Chega de saudade* já começava a nascer. Dois anos depois, pensei numa biografia de Nelson Rodrigues. Fiz o mesmo e dali saiu *O anjo pornográfico*. Nos dois casos, nem houve discussão. Eram ideias ambiciosas — tanto a Bossa Nova como Nelson estavam esquecidos e soterrados por preconceitos —, mas, se bem realizadas, de grande potencial. Já em 1993, quando sugeri uma biografia de Garrincha, Luiz aprovou o projeto, mas consideramos as possíveis dificuldades. O mercado brasileiro nunca fora bem-sucedido com livros sobre futebol. Havia uma ideia de que quem gostava de livros não gostava de futebol e vice-versa, e mesmo os que gostavam das duas coisas não pareciam grandes leitores. Isso significava, de saída, a perda de 50% ou mais do mercado. Outro problema era o público feminino — em 1993, acreditava-se que mulheres podiam gostar de futebol, mas não compravam livros sobre ele. Em todos os casos, não eram preconceitos, apenas uma apreciação do mercado. A prova era que, até então, nenhum livro sobre futebol publicado no Brasil vendera mais de 2 mil exemplares, mesmo que assinado por gigantes como Mario Filho, Armando Nogueira e João Saldanha. A única exceção era *À sombra das chuteiras imortais*, antologia de crônicas de Nelson Rodrigues, organizada por mim, lançada meses antes pela própria Companhia das Letras e já um grande sucesso de vendas. Mas, então, a atração era Nelson, que acabara de ser redescoberto com *O anjo pornográfico*, não o futebol.

Meu argumento a favor da biografia de Garrincha era que não seria um livro sobre futebol, e sim sobre um ser humano de vida rica e tocante e que, por acaso, trabalhara de calção e chuteiras. Expliquei também que o livro teria "pouco futebol", no sentido de que, exceto em casos excepcionais, não haveria descrições de jogadas tipo "Garrincha recebeu o passe de Didi, driblou quatro adversários, foi à linha de fundo e cruzou na grande área para Vavá" — mesmo porque eu próprio não tinha paciência para ler essas descrições. O futebol ocuparia no livro o mesmo espaço que ocupara na vida de Garrincha: apenas nove anos de carreira profissional para valer, dos vinte aos 29, dos 49 que ele viveu — menos de 20%. A ênfase seria no homem, na sua vida pessoal marcada por uma personalidade encantadora, em sua atribuída história de amor com Elza Soares e nos dramas resultantes de seu alcoolismo. Aliás, *Chega de saudade* também não era bem um livro sobre música popular, nem *O anjo pornográfico* sobre teatro. Luiz se empolgou e comecei a trabalhar. Dali a dias, em sonho, veio-me o título do livro: *Estrela solitária*.

De todas as minhas biografias e reconstituições históricas, foi o livro de maior desempenho em vendas. Até julho de 2022, foram 94 mil exemplares vendidos. E, se não fosse pelo problema judicial que enfrentou, teria sido melhor ainda.

Ser ligado a uma editora traz segurança para o biógrafo, mas obriga-o a ficar de olho no relógio, no prazo a ser cumprido. Um autor que trabalhe por conta própria, na esperança de um dia publicar seu livro, pode levar dez anos para fazer uma biografia. Mas, se houver um editor à espera dela, é diferente. Quando sugiro um livro à editora, fazemos uma previsão de prazos e passo a viver em função deles. Em geral, esses prazos não constam do contrato, são apenas um acordo informal entre o biógrafo e a editora. Porém, se esta inclui o livro na sua programação daquele ano, é desagradável decepcioná-la.

Já me aconteceu. Em duas ocasiões, perdi o prazo que eu próprio me havia dado. A primeira foi quando me propus a fazer *Ela é carioca*. Simplesmente subestimei o material que precisava levantar — achei que teria o livro pronto em um ano e precisei de dois. Era, como já contei, uma espécie de enciclopédia de Ipanema, composta de mais de duzentos verbetes sobre as personalidades e os marcos do bairro entre 1920 e 70. Cada verbete demandou uma apuração que, se não se comparava em extensão ao de uma biografia, exigiu o mesmo empenho.

Um daqueles personagens, o economista, wit, bebedor terminal, crítico social e inventor da palavra "aspone" Ronald Russel Wallace de Chevalier, o incomparável Roniquito, é hoje um nome conhecido. Graças ao livro, está em inúmeros sites de busca na internet, mereceu artigos em jornais e ganhou até uma biografia, escrita por sua irmã Scarlet Moon de Chevalier. Mas, em 1997, quando saí em busca de informações a seu respeito, Roniquito não existia em nenhum departamento de pesquisa ou arquivo de jornal e muito menos na internet. Levei dois anos buscando seus contemporâneos ainda milagrosamente vivos e reuni material para ocupar seis páginas de *Ela é carioca*. Assim foi também com inúmeros outros personagens de Ipanema, sobreviventes apenas na memória de seus contemporâneos. E todos sabemos o que o álcool faz à memória. Hoje, cada um desses personagens tem verbete na internet.

O outro livro cuja entrega atrasei foi *Carmen: uma biografia*, quando fui diagnosticado com o câncer e, aflito com o prazo, tentei ao máximo continuar trabalhando, mesmo no hospital, durante as químios e o pós-operatório. Era como se, ao me jogar no trabalho e ignorar a doença, ela fosse embora mais rapidamente. Talvez tenha acontecido isso. Só entreguei o livro à editora em setembro, com três meses de atraso, mas, num esforço que envolveu toda a sua extraordinária equipe, ela conseguiu que ele saísse na data prevista. No ano seguinte, *Carmen* ganhou o Jabuti nas categorias biografia e livro do ano de não ficção.

Há autores que atrasam a saída de seus livros por serem obsessivos, insistirem em pedir as provas para ler e devolvê-las com anotações à margem ou marcações em vermelho na tela do computador, cortando períodos, reescrevendo-os e sugerindo mais fotos e imagens. Lamento confessar que sou um deles. Durante algum tempo, os editores me concedem acesso ao material. Em certo momento, já sabem que a única maneira de dar o livro por terminado será mandando-o em segredo para a gráfica, onde — espera-se — ele ficará fora do meu alcance.

Uma imagem vale por mil palavras, diz o velho clichê. Sim, mas tente dizer isso sem palavras, rebatia Millôr Fernandes. Muitos livros podem prescindir de imagens, como um romance intimista, um livro sobre a onipresença de Bakhtin nas teses acadêmicas ou um ensaio sobre a incidência da letra D no texto de *Grande sertão: veredas*. Mas, numa biografia, elas são fundamentais como apoio ao texto.

Refiro-me ao material gráfico e fotográfico, como cópias de manuscritos, ilustrações, desenhos, mapas e fotos. Sua função é tudo, menos decorativa. Às vezes, serve de complemento a uma informação, corroborando-a. Em outras, pode conter em si toda a informação necessária, dispensando até a legenda explicativa. Na edição original de *Chega de saudade*, há um exemplo do primeiro caso. Em certo momento, descrevo o jovem Sergio Mendes em 1963, recém-chegado aos Estados Unidos, apresentando-se num clube noturno em Los Angeles, e sua emoção ao ver o guitarrista Barney Kessel, herói de sua turma bossa-novista, entrando no recinto para ouvi-lo e, se possível, tocar com ele! Kessel já tinha sido tão citado no livro que, para o leitor, era incrível que aquilo pudesse acontecer. Pois, ao virar a página, o leitor se defrontava com uma foto daquela noite — Kessel, de guitarra em punho, entre Sergio Mendes e seus músicos. Em *Estrela solitária*, temos uma amostra de imagem autossuficiente: uma foto de seu Amaro, pai de Garrincha, de pijama, ao lado de um rádio de mesa, escutando o jogo até então mais importante da vida de seu filho. Sabemos disso pela folhinha ao lado do rádio, em que se lê claramente a data: 29 de junho de 1958 — dia do jogo final da Copa do Mundo na Suécia, em que o Brasil derrotou a anfitriã e Garrincha foi campeão mundial pela primeira vez.

Há várias maneiras de distribuir as imagens num livro. A mais comum é agrupá-las num caderno que é impresso à parte, de oito, dezesseis, 32 ou mais páginas — sempre um múltiplo de quatro —, e aplicá-lo no miolo do livro, onde for conveniente. Outra maneira é distribuir as imagens como se faria com uma revista, intercalando-as no texto, nas proximidades do assunto a que se referem. Em meus primeiros livros optei por essa solução, mais dispendiosa e complicada, mas para a qual tive o aval da editora. *Chega de saudade*, *O anjo pornográfico*, *Estrela solitária* e *Ela é carioca*, todos com centenas de imagens, foram feitos assim, com projeto gráfico a cargo de Hélio de Almeida.

Em *Carmen: uma biografia*, como já contei, o volume de páginas do livro obrigou-me a adotar a solução do caderno de imagens e, graças a Hélio, com ótimos resultados. A partir daí, decidi-me pelo caderno, não só nos livros seguintes, como *A noite do meu bem* e *Metrópole à beira-mar*, mas também nas novas edições de *Chega de saudade*, *Ela é carioca*, *Saudades do século XX* e *A onda que se ergueu no mar*. Um caderno com fotos e imagens informativas (que podem ser coloridas), organizadas numa sequência planejada e atraente, ajuda a contar a história e dá ao leitor um prazer estético com que ele não contava.

Seja qual for a opção, as imagens deverão ser acompanhadas de legendas, o pequeno texto que identifica a figura ou a situação que elas mostram, que deve ser informativo, mas sucinto, telegráfico. Se uma imagem exige uma legenda muito longa para se fazer compreensível, há alguma coisa errada — ou com a imagem ou com a legenda.

Pelo volume de informações numa biografia, alguns leitores se perguntam se o autor foi capaz de levantar tudo aquilo sozinho ou se não contou com uma equipe de pesquisadores trabalhando para ele dia e noite em busca de informações. De mim sempre querem saber se tenho essa equipe. Fico envaidecido, mas a resposta é não. E a explicação é simples: o trabalho de apuração numa biografia é tão fascinante que eu não o dividiria com ninguém.

Nada supera a sensação de descobrir um fato, um nome ou um número de que se está em busca há anos. Ao mesmo tempo, nada é mais angustiante do que essa busca de anos, com fracassos diários, e saber que é preciso continuar tentando, sem desanimar jamais. Como descrever a alegria de localizar um informante perdido, marcar com ele um encontro, ir visitá-lo, fazer-lhe perguntas e ouvir suas respostas? A simples ideia de estar com alguém que conviveu com Nelson Rodrigues, jogou ou bebeu com Garrincha ou privou da intimidade de Carmen Miranda me parecia um privilégio. E então eu me lembrava de uma frase de Orson Welles, de que já estivera "a um aperto de mão de Napoleão". Ele queria dizer que, um dia, aos dez anos, havia apertado a mão de alguém que apertara a mão de Napoleão. Fiz as contas. Napoleão morreu em 1821, Orson nasceu em 1915. Supondo que o homem também tivesse dez anos ao apertar a mão de Napoleão e isso acontecesse no ano da morte deste, ele teria 114 anos ao apertar a mão de Orson aos dez anos. Não me parecia muito provável — e Orson nem sempre era confiável. Mas gostei da ideia e, pela quantidade de pessoas íntimas de Nelson, Garrincha e Carmen com quem falei, é como se eu próprio tivesse estado inúmeras vezes na companhia deles.

Donde não tenho uma equipe, o que não quer dizer que, às vezes, não precise de ajuda. Assim que comecei o trabalho em *Estrela solitária*, pedi a meu amigo Antonio Roberto Arruda, repórter de esporte do *Globo* com alma de pesquisador, que mergulhasse nos arquivos e listasse todas as partidas oficiais disputadas por Garrincha como profissional, pelos clubes (Botafogo, Corinthians, Flamengo e Olaria) e seleções (carioca e brasileira) em que atuara. Instruí-o a não apenas checar os arquivos desses clubes, das federações estaduais e da CBF, mas também a ler as coleções dos principais jornais que cobriam bem o futebol naquela época — *Jornal dos Sports*, *Última Hora*, *Gazeta Esportiva*, *Correio da Manhã* e o próprio *O Globo*. E o que eu lhe pedi que procurasse? Data de cada partida, cidade em que fora disputada, placar final, possíveis gols de Garrincha e qualquer curiosidade que tivesse acontecido na dita partida. Arruda, contratado pela Companhia das Letras por seis meses para essa tarefa, jogou-se ao trabalho e, até antes do prazo, entregou-me seu incrível levantamento.

Você agora perguntará a que se prestava esse levantamento. Não, não era para fins estatísticos — embora eu tenha publicado a lista completa no fim do livro, como um bônus, e, por causa dela, tenha se provado que Garrincha e Pelé, jogando juntos, nunca perderam uma partida pela seleção brasileira. (E se descobriu que a famosa expulsão de Garrincha contra o Chile, na Copa do Mundo de 1962, não fora a primeira de sua carreira, como se acreditava, mas a terceira.) Para mim, essa lista importava pela ajuda que me daria na apuração.

Por ela, agora eu saberia onde estava Garrincha em todos os seus dias como profissional e o que estava fazendo. Mas, principalmente, pelo número de partidas por ano e pelos intervalos entre elas, a lista me permitiu acompanhar a progressão da sua irregularidade profissional provocada pelos problemas com a bebida. Em 1958, por exemplo, Garrincha disputou 63 partidas; em 1959, nada menos que 82; em 1960, 65; em 1961, 71; e, em 1962, sessenta. Então começou a decadência, marcada por atrasos, sumiços, contusões agravadas pela bebida e insubordinações várias: em 1963, 22 partidas; em 1964, 21; em 1965, 28. Naquele último ano, o Botafogo o dispensou e veio o fim: em 1966, Garrincha jogou doze partidas pela seleção e dez pelo Corinthians; em 1968, treze pelo Flamengo; em 1973, depois de quase cinco anos inativo, dez pelo Olaria.

Outra parceira de que, desde 1992 com *O anjo pornográfico*, quando ela ainda trabalhava na Biblioteca Nacional, não abro mão é a pesquisadora Silvia Regina de Souza. Hoje ex-funcionária da instituição, Silvia conhece pelo avesso a seção de periódicos da biblioteca pelo avesso e, desde que o acervo ficou disponível à distância, é minha enviada especial às publicações mais remotas. Em *A noite do meu bem*, foi Silvia quem descobriu a inacreditável quantidade de boates na noite carioca entre 1946 e 1965. Em *Metrópole à beira-mar*, fez o mesmo com os incontáveis jornais e revistas que compunham o mercado editorial do Rio nos anos 20. E sua cultura e experiência me permitem discutir com ela os rumos de um livro e eventuais novos caminhos a explorar.

Na verdade, nenhum biógrafo trabalha sozinho. Mesmo que não use uma equipe de pesquisadores, ele dependerá de uma multidão de informantes. Eles são a equipe e sempre faço questão de citá-los um por um, nas páginas de agradecimentos. Todas as minhas biografias e reconstituições históricas têm no fim essa lista. Ali estão os nomes das pessoas que me contaram algo importante ou descobriram para mim um endereço ou número de telefone. Mas nenhuma delas poderá ser identificada por essas informações.

Para que a lista de créditos seja completa, é importante que, no começo do trabalho, o biógrafo crie um arquivo para anotar os nomes de todas essas pessoas ao longo dos meses ou anos. Não é possível nos lembrarmos de todas depois que se termina o livro, e não há como não agradecer a quem nos deu a menor partícula de informação.

Um salto no tempo. Dado o livro como terminado e com o original enviado à editora, o que acontece? Acaba o envolvimento do biógrafo com seu biografado? Não. Ali começa a síndrome de abstinência. É quase impossível para o autor separar-se impunemente de um personagem a quem dedicou tantas horas por dia durante anos, como se tivesse abdicado de sua vida e se transferido para a vida dele. A volta à atmosfera exige certa adaptação.

Que, por sorte, existe para alguns. Se o autor tiver certa intimidade com sua editora, será solicitado a ler provas, palpitar na produção gráfica e colaborar na redação dos aparatos, como orelha, quarta capa e até releases de divulgação. O mais importante é a leitura das provas. Embora seja tido como "escrito", o texto entregue à editora passará pelo menos por um editor, um preparador e um revisor, que poderão dar sugestões quanto a correção, clareza ou veracidade de detalhes — sugestões que o autor será um tolo se tentar desconsiderar, defendendo seu texto como se ele fosse uma catedral inviolável. No meu caso, tento participar de todo esse trabalho de produção: forneço o material gráfico, escrevo as legendas e palpito na criação da capa. Durante esse tempo, o personagem continua comigo. Quando o livro sai, começa o processo de divulgação na imprensa: entrevistas, viagens, lançamentos.

E, se ele for bem-sucedido, o biógrafo continuará vivendo com seu biografado, como se não existisse o ponto-final.

Na verdade, nunca haverá esse ponto-final.

## Um rapaz de sorte

"Sem sorte não se chupa nem um Chicabon", disse Nelson Rodrigues. "Você pode engasgar com o palito ou ser atropelado pela carrocinha."

Concordo com Nelson. Aliás, devo ser uma prova viva da verdade desse enunciado, porque, em certo período em que desenvolvi uma dependência quase química de sorvete, devo ter mandado para dentro, a uma média de três ou quatro por semana durante dez anos, entre 1,5 mil e 2 mil Chicabons. E saí invicto nas categorias palito e carrocinha.

A sorte a que me refiro, no entanto, não é a que impede que alguma desgraça atravesse o seu caminho, mas, ao contrário, a que permite que você resolva um problema ou que as coisas se iluminem ao seu redor. Como aconteceu em 1994, quando eu estava entrevistando Elza Soares para *Estrela solitária*.

Ela acabara de me contar que cantara para o então presidente João ("Jango") Goulart no Automóvel Clube, no Rio. E que, por isso, pouco depois do golpe militar, os meganhas tinham ido à casa em que morava com Garrincha, na Ilha do Governador, em busca de "material subversivo". Chegaram armados, entraram aos gritos e pontapés, obrigaram-nos a ficar nus contra a parede, reviraram gavetas, estriparam poltronas e, como não encontraram nada — Garrincha e Elza não tinham nada a esconder —, vingaram-se na hora de sair, estrangulando um passarinho de Garrincha, um mainá preto que gritava "Mané!".

Ao ouvir isso, fiquei intrigado. "Espere aí, Elza. Que eu saiba, a única vez que Jango esteve no Automóvel Clube foi na noite de 30

de março de 1964. Fez um discurso para mil sargentos e subtenentes, e isso irritou tanto os militares que, horas depois, os generais saíram dos quartéis para derrubá-lo. Como você pode ter feito um show para o Jango naquela noite?"
Elza deu de ombros: "Isso é você que está dizendo. Sei lá se foi nessa noite. Só sei que dei um show para o presidente Jango no Automóvel Clube".
Anos de trabalho nessa linha já haviam me ensinado que não se discute com uma fonte. Se você recebe uma informação, por mais improvável que seja, precisa confirmá-la — ou desmenti-la. Assim, a primeira coisa que fiz foi telefonar para alguns dos principais repórteres e colunistas políticos do Rio em 1964 — Carlos Castello Branco, Villas-Bôas Corrêa, Murilo Mello Filho — e perguntar-lhes se houvera um show de música popular no Automóvel Clube aquela noite, antes ou depois do discurso de Jango. Os três reagiram com "Show? Que show?". Eu insistia: "Teria sido depois do discurso. O que aconteceu quando o discurso acabou?". E todos e cada um: "Nada. Jango foi embora e eu voltei para o jornal, para escrever a matéria".

Bem, o jeito era marchar para a Biblioteca Nacional e passar os dias seguintes mergulhado na coleção de microfilmes — a mídia em que então estavam arquivadas as coleções de jornais e revistas da biblioteca — e ver o que os jornais do dia 31 de março tinham publicado sobre os acontecimentos da véspera. Silvia, funcionária da seção de periódicos e minha futura colaboradora, foi me abastecendo com o material. O qual não era pouco, porque o Rio tinha então quase quinze grandes jornais diários: *Correio da Manhã*, *Jornal do Brasil*, *Diário de Notícias*, *O Jornal*, *O Globo*, *Tribuna da Imprensa*, *Última Hora*, *Diário Carioca*, *Diário da Noite*, *Jornal do Comércio*, *O Dia*, *A Notícia*, *A Luta Democrática*. Jango e o Automóvel Clube estavam em todas as manchetes daquele dia, assim como as primeiras declarações ameaçadoras dos militares. Levei dias lendo as primeiras páginas e as matérias internas de todos eles — e nada. Nem uma linha sobre qualquer show que tivesse antecedido ou sucedido o pronunciamento do presidente.

Àquela altura, eu já estava havia dias na apuração daquele simples fato. Começara a pensar em desistir quando percebi que, sentado a uma máquina de microfilme ao meu lado, consultando alguma coisa, um senhor me observava. Era um homem de meia-idade, forte, de cabelo branco, à escovinha, e pele queimada de sol. Típico ex-militar. Ele percebeu que eu estava pesquisando sobre os acontecimentos do dia do golpe.

"1964, não é?", disse. "Quase me dei mal. Eu era da Marinha e estava até o pescoço na subversão."

"O senhor foi ao Automóvel Clube na noite do discurso do presidente?", perguntei.

"Claro", ele respondeu.

"O que aconteceu depois que o presidente foi embora?", insisti.

Ele pareceu consultar a memória. Então se lembrou:

"Teve um show..."

Fiquei arrepiado: "Com quem?".

Começou a enumerar: "Jorge Goulart, Nora Ney, Jorge Veiga, Jararaca, Mario Lago, Elza Soares...". E então pareceu se lembrar de tudo: terminado o discurso, Jango se retirara, e vários artistas, recrutados pela Associação dos Sargentos, cantaram para os soldados.

Contei-lhe que estava fazendo um livro sobre Garrincha e queria registrar minha gratidão por sua informação. Como se chamava? Ele disse chamar-se Sebastião, mas preferia omitir seu sobrenome. Entendi. Agradeci-lhe e saí voando. Com um ou dois telefonemas, localizei Jorge Goulart, comunista histórico e astro dos tempos da Rádio Nacional. Perguntei-lhe sobre um possível show no Automóvel Clube — do qual, como só então fiquei sabendo, ele fora o organizador — e sobre a participação de Elza.

"Eu e Nora levávamos Elza a todos os eventos que eu organizava", riu. "Ela cantou não apenas naquela noite no Automóvel Clube, mas também no comício da Central do Brasil, duas semanas antes, e em vários churrascos de arrecadação de fundos para o

Partido Comunista. Elza não sabia do que se tratava. Os órgãos da repressão marcaram o seu nome e deviam pensar que ela era uma grande militante."

Estava explicado por quê, pouco depois do golpe, Elza e Garrincha tiveram sua casa na Ilha invadida e foram submetidos a violência e humilhação.

E assim se esclareceu um esquecido episódio da vida nacional, graças a um senhor de cabelo à escovinha que, entre 5,5 milhões de pessoas, se sentou por acaso ao meu lado na Biblioteca Nacional e me deu a informação que os outros 5 499 999 cidadãos cariocas não conseguiam dar.

*Estrela solitária* se beneficiou de outro impressionante acaso, que já contei resumidamente lá atrás. Começou quando, em Pau Grande, terra natal de Garrincha na Raiz da Serra fluminense, eu conversava com sua irmã Rosa. Em certo momento, em sua simplicidade, ela me disse:

"Nossa família é descendente de índios."

Como assim? Para todos os efeitos, Garrincha só tinha antepassados negros, como milhões de nós. E agora sua irmã mais velha me vinha com essa novidade.

"De que etnia, d. Rosa?", eu quis saber.

"Ah, não sei. Só sei que meus bisavós eram do Nordeste e meu pai dizia que eles eram índios."

Bem, lá fui eu de novo. Se os bisavós de Garrincha eram indígenas do Nordeste, teriam vindo para o Sudeste em algum momento do final do século XIX. Nos sebos do Rio e de São Paulo, entre os muitos volumes de sociologia e história da coleção Brasiliana, da Companhia Editora Nacional, dos anos 40, encontrei o que esperava: livros sobre migrações indígenas e etnias do Nordeste. Passei duas semanas digerindo-os, armando gráficos e tabelas e confrontando informações. Ao fim e ao cabo, um único povo parecia preencher os requisitos: os fulniôs, originários da divisa entre Pernambuco e Alagoas — mais exatamente Quebrangulo, região de Graciliano Ramos.

Voltei a d. Rosa. Ela não podia confirmar o que eu lera, mas falou-me de hábitos de sua família que, como se lembrara depois, pareciam ter sido herdados dos indígenas. Um deles, uma espécie de mamadeira que seus pais os obrigavam, ela e Garrincha, a tomar quando bebês: uma fórmula chamada "cachimbo", composta de cachaça, canela em pau e mel. Vibrei. Num dos livros havia uma referência ao "cachimbo" entre os fulniôs.

Em casa, o telefone tocou. Era meu amigo Luiz Puech, um livreiro de São Paulo que, com seu temperamento expansivo, parecia conhecer todo mundo. Perguntou-me como ia o livro sobre Garrincha. Disse-lhe que estava parado, porque descobrira que Garrincha descendia de indígenas e estava estudando a respeito. Perguntou-me:

"De que tribo?"

Respondi: "Fulniô".

E Puech, com a maior naturalidade:

"Sou amigo do filho do cacique."

O.k., àquela altura eu começava a me habituar a toda espécie de coincidência — ou sorte. Em vez de soltar uivos de satisfação, perguntei, circunspecto:

"Tem o telefone da reserva?"

Claro que tinha. O filho do cacique se chamava Marco Fulniô, era jovem, ativo, estudioso da questão indígena, formado pela Funai. Agradeci a Puech e telefonei para o número que ele me deu, em Pernambuco.

Veio ao telefone uma voz masculina. Disse-lhe meu nome. Ele exclamou:

"Ruy Castro! Que coincidência! Te vi ontem no programa da Gabi!" — referindo-se a uma participação que eu fizera, na véspera, no programa de televisão de Marília Gabriela. Rimos e começamos a conversar.

Não lhe contei de imediato sobre o que estava fazendo. Disse que estava interessado nos fulniôs e queria saber mais sobre eles.

Marco foi perfeito: falou-me durante uma hora sobre seus antepassados e de como, em consequência da Guerra do Paraguai, um contingente deles se desgarrara e cruzara o país em direção ao Sudeste. Muitos foram ficando pelo caminho, mas sabia-se que alguns dos sobreviventes tinham chegado bem longe, talvez ao estado do Rio. E era típico dos fulniôs conservar hábitos da tradição, como a língua, especialíssima, e — em resposta a uma pergunta — o "cachimbo".

Quando ele terminou, e satisfeito com o que ouvira, dei-lhe a notícia:

"Marco, sabe de uma coisa? Você é primo do Garrincha."

Ele ficou no maior contentamento. E só então lhe disse que estava fazendo um livro sobre o jogador e iria contar como sua história começara lá atrás, quando uma flecha fulniô, disparada em Quebrangulo, chegara à minúscula Pau Grande, onde Garrincha nasceria em 1933.

Desliguei, fui à rua e, ao passar pelo primeiro ambulante, comprei e mandei para dentro um Chicabon.

Em 2004, ainda na fase de apuração para a biografia de Carmen Miranda, fui convidado a ir à cidade do Porto, em Portugal, para dar uma palestra sobre Garrincha. Aceitei imediatamente, e por mais de um motivo. A família de Carmen era de uma localidade chamada Marco de Canaveses, a poucos quilômetros do Porto, e eu poderia aproveitar para conhecer as origens de minha biografada.

Carmen deixara parentes na região, e eles cultivavam sua memória. Conversei com suas primas em segundo grau, visitei um pequeno museu em sua homenagem, conheci a igreja onde fora batizada e procurei no cemitério local o túmulo de sua irmã Olinda. Já adulta, em 1929, ela contraíra tuberculose no Rio e fora mandada pela família para se tratar num então famoso sanatório em Portugal, na região do Caramulo, não muito perto dali. Ainda desconhecidos os antibióticos, a doença não a poupou. Olinda morreu e foi enterrada em Marco, em 1931.

De carro alugado com motorista, decidi ir ao Caramulo. Sabia que o sanatório fora convertido num resort de luxo, mas talvez valesse a pena dar uma olhada no prédio e em seu entorno. Afinal, Olinda, três anos mais velha, era a irmã em que Carmen se inspirara e que, com seu talento para cantar, dançar, vestir-se e inventar roupas e chapéus, poderia ter se antecipado como artista à própria Carmen, não fosse a tuberculose.

Foi uma viagem de horas e não me valeu muito, porque o Caramulo já estava totalmente descaracterizado. De volta ao Porto, falei do assunto com João Alpoim Botelho, um dos organizadores de minha palestra. Ele disse: "Meu pai também esteve internado no Caramulo".

"Quando?"

"Creio que em 1934", respondeu. Fiquei alerta. Com uma diferença de dois ou três anos, era o mesmo período da internação de Olinda. Como estávamos em 2004, essa internação acontecera setenta anos antes. Perguntei a Botelho:

"Seu pai deixou algum material, como fotos, anotações, talvez um caderno de memórias, qualquer coisa que descrevesse o Caramulo?"

E Botelho, sem titubear:

"Sinceramente, não sei. Por que não pergunta a ele?"

Arregalei os olhos: "Está vivo???".

Não apenas vivo como, aos mais de noventa anos, com a memória intacta. João Alpoim telefonou-lhe e, ali mesmo, por mais de uma hora, ouvi de seu pai, sr. Antonio, um notável relato sobre sua internação e o dia a dia dos internos no sanatório — uma realidade que Olinda conhecera, mas não vivera para me contar.

Nada disso teria acontecido se não tivesse me ocorrido falar a alguém, que eu mal conhecia, sobre minha ida ao Caramulo.

Um lance de dados jamais abolirá o acaso, já dizia o poeta Mallarmé. O mesmo acontece com a técnica da biografia. Vide o Chicabon.

\* \* \*

Mas nada supera o dia, em 2019, no qual, como fazíamos todos as manhãs, Heloisa e eu tomávamos água de coco num quiosque do calçadão de Ipanema. Já na reta final da preparação de meu livro *Metrópole à beira-mar*, sobre o Rio moderno dos anos 20, contei-lhe uma história que descobrira na véspera sobre o caricaturista, artista gráfico, pintor, cenógrafo, publicitário e cartunista J. Carlos, um dos gigantes daquela modernidade. J. Carlos comprara um terreno no bairro do Jardim Botânico para construir sua casa e, ao visitar a obra no dia em que ela iria começar, teve a ideia de lançar ali uma pedra fundamental. Afinal, em 1924, aquela casa seria um prêmio aos seus já 22 anos de prancheta, da qual saíam capas de revistas, anúncios, cartazes, ilustrações, charges políticas, vinhetas e ornamentos, todos perfeitamente acabados, prontos para a oficina.

J. Carlos olhou em volta no terreno da obra, em busca de uma pedra que servisse de marco, e não viu nenhuma. Então ocorreu-lhe plantar no chão um lápis. Por que não? O grafite de que se compõem os lápis era uma pedra — a pedra com que ele executara os milhares de desenhos que lhe permitiam agora levantar o seu teto. O lápis era a sua ferramenta, e ele tinha um consigo aonde quer que fosse. J. Carlos levou a mão ao bolso interno do paletó, tirou o lápis e o cravou na terra. Um ano depois, a casa que se ergueu no lugar devia ser a única no mundo escorada sobre o frágil instrumento de trabalho de seu proprietário. J. Carlos morou ali pelos 26 anos seguintes e nela criou seus filhos e netos. Depois de sua morte, em 1950, a casa deu lugar a um edifício. A rua, uma das mais nobres do Jardim Botânico, passou a se chamar rua J. Carlos.

"Linda história", comentou Heloisa.

Minha admiração por J. Carlos era antiga. Além de fazer dele um personagem importante de *Metrópole à beira-mar*, eu pensava usar na capa um de seus desenhos para a revista *Para Todos*..., de que ele era editor gráfico: uma "melindrosa", sua versão da garota ousada do Rio dos anos 20, na praia, de maiô, sob um guarda-sol de bolas vermelhas. Tinha tudo a ver com a ideia do livro: a modernidade à beira-mar, a cidade internacional, a criatividade em meio à liberdade e à alegria.

Mas eu estava preocupado, comentei com Heloisa. O tempo voava, já passara do prazo de começar a cuidar da parte gráfica do livro, e eu ainda não procurara a família de J. Carlos para discutir a liberação dos direitos. E suponha que houvesse dificuldades insuperáveis? E se resolvessem cobrar um preço inacessível pelo desenho?

Ao dizer isso, lembrei-me de que precisávamos ir embora e, como quase nunca uso relógio, virei-me para a calçada e perguntei à primeira pessoa que passava às minhas costas:

"Por favor, tem horas?"

O homem alto e magro parou, abriu um sorriso e disse:

"Ruy e Heloisa, vejo-os todo dia nesse quiosque. Leio tudo que escrevem e nunca me aproximei para não incomodar. Mas, como você me perguntou, são dez horas, e é um prazer falar com vocês. Eu me chamo José Carlos de Britto e Cunha. Sou neto do J. Carlos."

Embora já estivessem habituados a essas coincidências, meus pelos do braço instantaneamente se eriçaram. Acontecera de novo.

Como sempre, senti no ouvido um sopro, o sussurro de um personagem de Nelson Rodrigues — o Sobrenatural de Almeida.

Ou do próprio Nelson, falando sobre o picolé.

# AGRADECIMENTOS

A Adriana Monteiro, Arthur Muhlenberg, Gilberto Braga, Candida e Hugo Porto Soares, Josiane Duarte, Luiz Felipe Carneiro, Marcelino Freire, Marcelo Dunlop, Marcos Eduardo Neves, Telma da Costa, Tito Guedes e muitos outros que tiveram a paciência de me escutar durante os cursos sobre biografia.

A Suzana Vargas, Tatiana Oliveira, Camila Rodrigues, Gisele Bottari, Jheniffer e Daniele, da Estação das Letras. A Gabriel Pinheiro, Paulo Tellini e aos outros funcionários do b_arco. Todos os cursos aconteceram a convite deles.

Aos editores, preparadores, revisores e artistas gráficos da Companhia das Letras que trabalham nos meus livros desde 1989, sem esquecer o pessoal da produção, os divulgadores, os vendedores e todos aqueles que contribuíram para que algo nascido de uma ideia se transformasse num objeto na mão das pessoas.

E a Julia Romeu e Heloisa Seixas, sem cujo trabalho este livro não existiria. Julia transcreveu para centenas de páginas as fitas em que os cursos foram gravados. Heloisa botou em ordem essas páginas, com uma lógica de que eu não seria capaz. A mim coube apenas escrever.

ESTA OBRA FOI COMPOSTA EM PALATINO PELO ESTÚDIO O.L.M. / FLAVIO PERALTA
E IMPRESSA EM OFSETE PELA LIS GRÁFICA SOBRE PAPEL PÓLEN SOFT
DA SUZANO S.A. PARA A EDITORA SCHWARCZ EM NOVEMBRO DE 2022

A marca FSC® é a garantia de que a madeira utilizada na fabricação do papel deste livro provém de florestas que foram gerenciadas de maneira ambientalmente correta, socialmente justa e economicamente viável, além de outras fontes de origem controlada.